WOHLFÜHLFAKTOR
FARBE

IRIS HOUGHTON • WIEBKE RIECK

WOHLFÜHLFAKTOR FARBE

EIN PRAXISHANDBUCH FÜR DIE GESTALTUNG IN IHREM ZUHAUSE

INHALTSVERZEICHNIS

1

6   VORWORT

GEBRAUCHSANWEISUNG FÜR DIESES BUCH
8   Erst lesen, sich selber testen, dann optimal nutzen!

DIE BASIS!
10 Kleine Farblehre
19 Was ist ein Farbschema?
22 Die verschiedenen Farbschemen als Möglichkeiten!
22 • Monochrom
24 • Komplementär
26 • Splitkomplementär
30 • Verbundenes Farbschema
33 • Kunterbunt
34 • Neutrales Farbschema
36 Farbe und Haptik
40 Farbe und Licht

2

DIE FARBTYPEN – KENNENLERNEN, ERLEBEN UND EINSETZEN
59 Welcher Farbtyp sind Sie? Testen Sie sich!
60 Der Test
66 Das Ergebnis
68 Die Farbtypen!
68 • Neutrale Farben-Farbtyp
70 • Wenig Farbe-Farbtyp
72 • Eine Farbe-Farbtyp
74 • Mehr als eine Farbe-Farbtyp
76 • Ich mag es bunt-Farbtyp

3

DAS UMSETZEN IN DEN EIGENEN 4 WÄNDEN LEICHT GEMACHT!
79 Praxisbeispiele für das wahre Leben!
80 Ich lasse mich inspirieren… Einfach mal ausprobieren!
90 Die eigenen Wohlfühlfarben ausprobieren – ohne (viel) Geld auszugeben!
96 Schritt für Schritt: Umsetzen leicht gemacht!
128 Farbtrends im Wohnbereich
138 Unterschiedliche Wohnfarben für verschiedene Jahreszeiten?
166 Deko? So machen Sie das meiste aus dem was Sie schon haben
170 Schritt für Schritt – So wird es gemacht: Dekorieren mit Farbe
178 Das Arbeiten mit Akzentfarben

4 SPEZIELLE HERAUSFORDERUNGEN!

194	Das Arbeiten mit vorhandenen Dingen!
201	Raumwirkungen durch Farben verändern
202	• Große Räume
203	• Kleine Räume
205	• Hohe und niedrige Räume
207	• Breitere Räume durch dunkle Akzentwände
208	• Dachschrägen und Nischen
210	• Lange Flure
211	• Offene Wohnbereiche

5 WOHLFÜHLIDEEN!

212	Welche Farben passen gut zueinander?
213	Tipps zum Kombinieren mit Farben
222	Welche Farben passen gut zu welchen Räumen?
240	Klappt immer! Farbschemen die funktionieren!
240	• Die Natur
242	• Der Klassiker: Schwarz-Weiß
244	• Neutrales Farbschema: Zeitlos und entspannend!

6 BEI DEN EXPERTEN NACHGEFRAGT!

248	Der Store Designer – Joseph Johnson
250	Die Visagistin und Fotografin – Tanja Meuthen Copertino
253	Der Lichtdesigner – Ralf Kowalewski
255	Die Wohnpsychologin – Dr. Barbara Perfahl

7 SERVICEKAPITEL / CHECKLISTEN

258	Eine Wand streichen? So funktioniert es!
264	Mit wenig Geld günstige Deko erstellen
272	Schritt für Schritt einen Raum farblich gestalten: Die gesamte Checkliste aus Kapitel 3 zum Nacharbeiten!
273	Gut zu wissen: Mehr lesen und online finden!
275	Die Fachausdrücke erklärt: Glossar!
279	Literaturnachweise/Quellenangaben
280	Danke
281	Über die Autoren
282	Impressum/Fotonachweise

8 283 FARBRAD ZUM SELBERMACHEN!

VORWORT

WARUM DIESES BUCH?

Wir lieben Farbe! Als leidenschaftliche, professionelle Home Stager erleben wir bei der Gestaltung von Verkaufsimmobilien täglich den Effekt von Farben auf unsere Kunden – und auf uns selbst!

Immer wieder stoßen wir auf überraschte Gesichter, wenn die von uns umgestalteten Immobilien bei deren Noch-Besitzern ein „Ist das schön geworden! Jetzt würde ich hier am liebsten wohnen bleiben!"-Gefühl auslösen. Wir wissen, diese Reaktionen werden maßgeblich durch die in den Räumen vorhandenen Farben hervorgerufen.

Farbe beeinflusst unsere Stimmung. Wir reagieren auf Farbe nie neutral. Mit bestimmten Farben fühlen wir uns heiter und voller Energie, mit anderen können wir uns besonders gut entspannen oder wir fühlen uns einfach wohl.

Wie finden Sie also Ihre ganz eigenen Wohlfühlfarben in Ihrem Wohnbereich? Wie gestalten Sie Räume mit Farben, die ganz individuell zu Ihnen passen? Wir laden Sie ein in diesem Buch auf eine Entdeckungsreise zu gehen. Erleben Sie mit unserem „Farbtypentest" (ab Seite 59) wie einfach es sein kann, die eigenen Wohlfühlfarben zu finden und lernen Sie mit den Raumbeispielen diese Schritt für Schritt selber umzusetzen.

Nehmen Sie Ihre Wohnung unter die Lupe. Entdecken Sie Dinge in Ihren Schränken wieder, von denen Sie dachten, dass sie nicht passen, oder gönnen Sie sich ein paar neue Accessoires. Dieses Buch bietet Ihnen verständliche Anleitungen, die Sie zu Ihrem Wohlfühlraum führen werden. Zahlreiche Fotos zeigen Ihnen Beispiele wie es aussehen könnte und unsere Tipps helfen Ihnen bei kleinen Herausforderungen, die sich in Wohnräumen „des wahren Lebens" stellen. Dem Thema wie man Dinge integriert die man nicht verändern kann oder will, und wie man trotzdem mit seinen eigenen Lieblingsfarben darin leben kann, haben wir gleich ein ganzes Kapitel gewidmet.

Die „richtige" Farbe für das gewünschte Gefühl oder den gewollten Effekt auszusuchen kann jeder lernen. Dieser Praxisratgeber zeigt Ihnen wie. Versprochen! Wir wünschen Ihnen viel Spaß beim Ausprobieren und Umsetzen!

Ihre Iris Houghton & Wiebke Rieck

ERST LESEN, SICH SELBER TESTEN, DANN OPTIMAL NUTZEN!

GEBRAUCHSANWEISUNG FÜR DIESES BUCH:

Dieses Buch ist für alle diejenigen, die sich mit Farben im Wohnbereich wohlfühlen und diese erfolgreich in den eigenen Räumen einsetzen möchten.

Wir zeigen Ihnen Schritt für Schritt wie es gemacht wird, so dass sich nach Ihrer Umgestaltung nicht nur Sie, sondern auch Ihre Mitbewohner und Ihre Besucher wohlfühlen!

VORBEMERKUNG – ZUM VERSTÄNDNIS:

Dieses Buch ist und soll keine wissenschaftliche Abhandlung sein und erhebt keinen Anspruch auf Vollständigkeit oder Richtigkeit, sondern es soll eine leicht verständliche Anleitung zum Umgang mit Farbe im Wohnalltag von Personen sein, die nicht professionell mit Farben arbeiten!

Aus diesem Grund benutzen wir einige Fachbegriffe der Einfachheit halber in ihrer umgangssprachlichen Verwendung. Im Glossar, am Ende des Buches, haben wir die eigentlich korrekten Fachbegriffe erklärt.

SEITE FÜR SEITE? VON ANFANG BIS ENDE?

Ist es nötig unseren Ratgeber von Anfang bis Ende durchzulesen? Nein, absolut nicht. Dieses Buch ist wie eine reichhaltig bestückte Kuchentheke. Probieren Sie einfach die Stücke, die Ihnen besonders zusagen. Zum besseren Verständnis empfehlen wir Ihnen jedoch, sich mit ein wenig Farbtheorie auf den Seiten 10 bis 56 vertraut zu machen. Die Zeit lohnt sich. Versprochen. Danach können Sie ganz nach Belieben hin und her springen.

FÜR EILIGE

Sie haben wenig Zeit? Dann freuen Sie sich! Wir haben für Sie am Ende jedes Kapitels die wichtigsten Informationen zusammengefasst. Und falls Ihnen ein Begriff nichts sagt, finden Sie diesen in unserem Glossar ab Seite 275 erklärt.

FÜR UNGEDULDIGE

Unsere Schritt-für-Schritt-Anleitung hat alle Punkte für Sie so zusammengefasst, dass Sie loslegen können. Wenn noch etwas unklar ist, finden Sie Querverweise zu den Stellen im Buch, anhand derer Sie mehr Information zum Thema finden.

SIE WOLLEN EINE EMPFEHLUNG?

Gerne! Sie finden sowohl unsere persönlichen, als auch generelle Farbempfehlungen in Kapitel 5 „Farbe für Farbe" und „Zimmer für Zimmer" ab Seite 223.

CHECKLISTEN?

Na klar, sind überall im Buch fertig für Sie vorbreitet.

TIPPS!

Finden Sie durch das ganze Buch immer dort, wo Sie unser Tippfoto sehen.

1 KLEINE FARBLEHRE

DIE BASIS

Ist Ihnen schon einmal aufgefallen, dass Malerbetriebe häufig ein Logo haben, das die Farben Gelb, Blau und Rot enthält?

Warum ist das so? Wenn Sie jetzt denken „Klar, das sind die drei Grundfarben!" – dann haben Sie damit schon die Basis für das Verständnis von Farbe gefunden. Hierzu gleich mehr...

Im Alltag machen sich die meisten von uns normalerweise keine großen Gedanken über Farbe – zumindest keine analytischen. Wir achten auf Trends – vor allem in der Mode – und kombinieren, was gerade angesagt ist.

Man trägt zum Beispiel eine Kombination von Blautönen – die meist exotische Namen haben wie Aqua, Kornblume, Lapis usw. Aber wie kommen diese, wenn man sie genau betrachtet, doch immer etwas unterschiedlichen Farben eigentlich zustande?

Und warum passen einige Farben besser zueinander als andere? Oder, auf unseren Wohnraum übertragen: Warum fühlen wir uns mit manchen Farbkombinationen wohl, mit anderen aber nicht?

Ist es Ihnen schon einmal so ergangen? Sie haben ein schönes Accessoire gefunden, zum Beispiel ein türkisfarbenes Kissen, tragen es nach Hause und haben schon ein Bild im Kopf, wie schön es sich auf dem roten Sofa machen wird? Und da liegt es dann – und es sieht überhaupt nicht so aus, wie Sie es sich vorgestellt haben.

Der Grund könnte sein, dass Farben die nebeneinander zu sehen sind miteinander „kommunizieren". Sie wirken miteinander anders, als wenn man jede für sich sieht. Wenn also das Kissen aus unserem Beispiel nicht die gewünschte Wirkung hat, dann haben Sie eventuell Farben miteinander kombiniert, die nach den üblichen Farbregeln zusammen nicht harmonisch wirken.

Es gibt hierzu ein Zitat von Pablo Picasso, das es sehr schön beschreibt:

„Warum beginnen zwei Farben zu singen, wenn man sie nebeneinander stellt? Kann das jemand erklären?"

Die gute Nachricht ist: es gibt eine Art Rezept, nach dem Sie Farben miteinander kombinieren können.

Und hier kommen wir wieder zu den bereits genannten Grundfarben Blau, Gelb und Rot. Kommt Ihnen dieses Bild hier bekannt vor?

Es handelt sich um einen Farbkreis, den Johannes Itten am Anfang des 20. Jahrhunderts erstellt hat.

Wir Autorinnen erinnern uns noch gut an die Zeit in der Grundschule, als es hieß, wir sollten aus den vor uns stehenden drei Farbtöpfen Gelb, Blau und Rot weitere Farben mischen.

DIE INTENSIVEN FARBEN

Sehen Sie sich den Kreis einmal an: ganz in der Mitte befinden sich die drei besagten Grundfarben. Sie sind sozusagen die Grundbausteine und bilden die Basis für alle weiteren Farben, die sich durch Mischen der drei ergeben.

Mischen Sie gleiche Teile Rot und Blau und Sie erhalten Violett. Beim Mischen gleicher Teile Gelb und Blau entsteht Grün und aus Rot und Gelb wird Orange.

Die Mischfarben die so entstehen bezeichnet man als Farben zweiter Ordnung oder Sekundärfarben.

Mischt man nun die neugeschaffenen Farben wieder miteinander – zu unterschiedlichen gleichen Anteilen, entstehen daraus noch einmal neue Farben **dritter Ordnung oder Tertiärfarben.**

Ein Beispiel: Mischt man Blau und Gelb zu gleichen Anteilen entsteht Grün. Nimmt man jetzt Blau und Grün, entsteht Blaugrün bzw. Türkis. Oder aus Gelb und Grün entsteht Gelbgrün. Nehmen Sie aber mehr Blau entsteht Türkis und bei mehr Gelbanteil ein frisches Apfelgrün.

So kommen wir der Farbenvielfalt schon näher! Aber bis jetzt haben wir ausschließlich über die Farben nachgedacht, die sehr intensiv in ihrer Ausstrahlung und Klarheit sind. Wir nennen diese Farben deshalb in diesem Buch auch intensive Farben.

FARBTÖNE: HELLER, DUNKLER UND GESÄTTIGT

Zurück in die Schule zum Kunstunterricht. Dort kamen noch zwei Komponenten zu unseren reinen Farbmischungen, den intensiven Farben, hinzu: Der Topf mit der schwarzen Farbe und die Tube Deckweiß.

Mischt man nämlich jetzt Schwarz zu einer unserer Farben hinzu, wird diese Farbe weniger intensiv. Sie wird etwas dunkler und vor allem trüber. Sie strahlt weniger. Durch das Mischen von mal mehr oder mal weniger Schwarz mit allen unseren bestehenden Farben entstehen unendlich viele Schattierungen. Hier sprechen wir von Farbnuancen.

Übrigens, Farben die mit Schwarz oder Weiß getrübt wurden, nennt man ungesättigte Farben. In diesem Buch nennen wir sie der Einfachheit halber auch häufig trübe Farben.

Mischt man statt Schwarz nun Deckweiß in die Farben, bekommt man immer hellere Töne, z.B. von einem richtig satten Sonnengelb über Hellgelb zu Pastellgelb – bis irgendwann nur noch ein ganz kleiner Farbanteil vorhanden ist und man fast wieder bei Weiß landet.

Aber eben nur fast, denn durch die Ursprungsfarbe ist immer noch ein wenig Farbe vorhanden. Dies ist der Grund, warum es so viele Weißtöne gibt, bzw. Weiß nicht immer gleich wirkt. Meistens hat es einen geringen Anteil Farbe, den so genannten Unterton. In unserem Fall wäre unser Weiß etwas gelbstichig, oder umgangssprachlich „Eierschalenweiß". Mit Weiß gemischte Farben sind zwar oft viel heller als vorher, sie sind aber meistens noch sehr klar und können deshalb noch relativ intensiv leuchten.

Um das Ganze jetzt noch etwas zu verkomplizieren, kann auch einer mit Weiß aufgehellten Farbe, z.B. ein heller Grünton, Schwarz oder Grau beigemischt werden. Dann wird aus einem hellen Grün ein Grün, das weniger leuchtet, also z.B. ein Olivgrün oder ein Schilfgrün. Das vorherige Hellgrün ist nun auch zu einer sogenannten ungesättigten (= nicht leuchtenden) Farbe geworden.

Sie merken, dass wir so unendlich viele Farben erstellen können, und das ist wundervoll, denn so können wir ganz genau die Farbe auswählen, die es sein soll – oder sie sogar selber mischen. Wir können die Farbe nehmen die wir mögen und mit dieser eine Vielfalt von unterschiedlichen Stimmungen erzeugen. Für die meisten von uns ist es so, dass wir einen Raum mit intensiven Farben als fröhlich und belebend empfinden, aber einen Raum mit ungesättigten Farben als beruhigend und entspannend. Interessant, oder? Fehlen noch Farben? Ja, es fehlen die sogenannten neutralen oder auch „unbunten" Farben.

NEUTRALE FARBEN

Neutrale Farben sind die Farben, die nicht auf dem Farbrad sind: Weiß, Schwarz, Braun und Grau. Auch alle Mischungen die wir aus diesen Farben erstellen können, sind ebenfalls neutral. Denn natürlich lassen sich auch diese Farben untereinander mischen, und so entsteht dann z.B. aus Braun – mit viel Weiß gemischt – ein Sandton. Wenn wir diesen Sandton mit Grau mischen entsteht Taupe (ein Schlammton). Gibt es noch andere Farben die wir als Neutralfarben bezeichnen? Ja, alle Farben die einen ganz hohen Weißanteil haben, also nur noch ganz wenig Farbe in sich tragen. Diese werden ebenfalls als neutrale Farben bezeichnet. Das beste Beispiel ist hier das schon genannte Eierschalenweiß, also gebrochene Weiß- oder Cremetöne. Ebenso alle Farben die ganz viel Schwarzanteile haben, wie z.B. ein sehr dunkles Blaugrau, welches wir als Schiefergrau bezeichnen. Oder Farben die sehr hohe Grauanteile haben, wie z.B. ein trüber Olivenentour, blaugraue Kieselsteinfarbe oder: alle Farben der Erde sind neutrale Farben.

Für welches Lokal entscheiden Sie sich? In welches würden Sie an einem kalten Wintertag lieber gehen? Es ist wahrscheinlich das mit dem Terrakottaton. Im Winter fühlen wir uns hier einfach wohler. Im Sommer, im heißen Juli, wäre es wahrscheinlich genau anders herum, oder? (Siehe Seite 16.)

KALTE UND WARME FARBEN

Kommen wir nun noch einmal zurück zu unseren ganz hellen Farben. Stellen Sie sich einmal zwei Varianten vor: einen Blau- und einen Gelbton. Beide wurden mit ganz viel Weiß gemischt und sind so hell, dass sie schon fast wieder Weiß sind. Aber eben nur fast, denn das bläuliche Weiß wirkt auf einer Wand kühler als das gelbliche Weiß, der Eierschalenton, oder?
Kommen wir schon zur nächsten Besonderheit: den sogenannten kalten und warmen Farben.
Nehmen Sie den Farbkreis – und schneiden ihn in Gedanken einmal in der Mitte durch:
Er teilt sich auf der einen Seite in Gelb, Gelborange, Orange, Rotorange, Rot, Rotviolett und in Gelbgrün, Grün, Blaugrün, Blau, Blauviolett und Violett auf der anderen Seite.
Stellen Sie sich jetzt einmal vor, es ist Winter und richtig kalt und unangenehm draußen. Sie möchten sich aufwärmen und es gibt zwei Cafés. Das eine ist in einem orangen Terrakottaton gestrichen, das andere in Türkisblau.
Das erste empfinden wir angenehm warm, das zweite eher kühl.

Genau diese Reaktion lösen die kalten und warmen Farben in uns aus: Sie geben uns einen Eindruck von Temperatur und lassen uns wärmer oder kälter fühlen.
Noch ein Beispiel: Wohnen Sie in einem Dachgeschoss, das feuerrot gestrichene Wände hat? Dann wird es Sie jetzt nicht mehr wundern, dass Sie sich dort, trotz guter Dämmung, im Sommer richtig warm fühlen.

Jetzt wissen wir also wie Farben entstehen, warum einige Farben heller und dunkler sind, wie sie uns als kalte oder warme Farben in unserem Befinden beeinflussen, und warum einige Farben mehr strahlen als andere.
Damit haben Sie es geschafft! Das war es mit unserer Farbtheorie. Jetzt sehen wir uns im nächsten Kapitel an, warum das türkisfarbene Kissen sich mit dem roten Sofa so schwertut.

▶ **QUERVERWEIS:**

Lesen Sie mehr zu Jahreszeitlichen Farben in Kapitel 3 ab Seite 138

AUF EINEN BLICK:

- Alle Farben, mit Ausnahme der unbunten Neutralfarben, ergeben sich aus den drei Grundfarben Blau, Rot und Gelb.

- Alle Farben lassen sich aus den Grundfarben erstellen, indem sie miteinander gemischt werden. Wir nennen diese Farben intensive Farben.

- Durch das Beimischen von Schwarz oder Weiß kann man Farben abdunkeln oder aufhellen und die Intensität abmildern.

- Alle Farbtöne werden durch das Beimischen von Schwarz, Grau oder Weiß zu trüben, ungesättigten Farben.

- Neutrale Farben sind Schwarz, Braun, Grau und Weiß – und alle Mischungen die aus ihnen entstehen, sowie auch alle Farben mit einem sehr hohen Weiß-, Schwarz- oder Grauanteil. Somit kann jede Farbe zu einer Neutralfarbe werden.

- Warme Farben und kalte Farben nehmen jeweils die Hälfte des Farbkreises ein. Die Farbtemperatur einer Farbe lässt uns Räume wärmer oder kälter empfinden.

- Warme Farben sind Rotviolett, Rot, Rotorange, Orange, Orangegelb und Gelb.

- Kalte Farben sind Gelbgrün, Grün, Blaugrün (Türkis), Blau, Blauviolett und Violett (Lila).

Was ist ein Farbschema und wie finde ich meins?
Es wird spannend...

Zunächst einmal gilt: Erlaubt ist, was gefällt!

Sie denken jetzt vielleicht: Die Damen sind ja lustig. Natürlich mache ich was ich will! Das wissen wir und ganz ehrlich, das hoffen und wünschen wir uns sogar. Denn letztendlich kommt es nur darauf an, dass Sie und alle anderen Nutzer des Raumes sich dort wohlfühlen.

Aber Sie haben dieses Buch ja vielleicht gekauft, weil Sie bereits die eine oder andere Farbkombination ausprobiert haben und Ihnen diese nicht so richtig gefallen hat? Um in der Zukunft solche Enttäuschungen zu vermeiden, lohnt es, sich ein wenig mit den allgemeinen Farbregeln auseinander zu setzen. Der Erfolg eines Farbschemas hängt nämlich viel weniger vom „guten Geschmack" einer Person ab, als vom Befolgen einiger Grundsätze. Wenn diese bei Farbkombinationen angewandt werden, passt es auf einmal. Das Zimmer ist stimmig. So, wie Sie es schon immer wollten. Und keine Sorge, es ist gar nicht schwer zu verstehen.

WAS IST ÜBERHAUPT EIN FARBSCHEMA?

Ein Farbschema ist eine gelungene Kombination von Farben, die von den meisten Menschen als harmonisch empfunden wird.

Und wie bilden wir jetzt ein erfolgreiches Farbschema?

Dazu gibt es ein Hilfsmittel, das sich Farbrad nennt. Das Farbrad zeigt die Farben und ihre Kombinationen miteinander.

So sieht es aus und es ist einfach in der Nutzung! Sie finden das Farbrad noch einmal zum Ausschneiden am Ende des Buches auf Seite 283 bis 285. Schneiden Sie es jetzt aus und nehmen es zum Durcharbeiten der nächsten Seiten in die Hand.

Um ein Farbschema anzuwenden, brauchen Sie zunächst eine Auswahl von Farben die Sie verwenden wollen.

Sie wissen noch gar nicht welche Farben das sein sollen? Das macht nichts, dann wählen Sie jetzt für diese Übung eine Farbe die keine Neutralfarbe ist, also eine wirklich bunte Farbe. Am besten funktioniert es, wenn Sie eine Farbe aus dem Raum nehmen, in dem Sie sich befinden. Oder Sie wechseln jetzt direkt Ihren momentanen Aufenthaltsort und gehen in das Zimmer, das Sie gerne verändern möchten.

Im nächsten Schritt wählen Sie eine Hauptfarbe aus. Diese kann entweder eine im Raum schon vorhandene Farbe sein, wie z.B. eine farbige Wand oder auch ein paar Dekorationsgegenstände, die Sie auf jeden Fall in Ihrem Raum behalten – und damit in Ihr Farbschema – einbauen möchten.

Ist alles im Zimmer neutral? Oder soll alles raus und verändert werden? Dann nehmen Sie einfach Ihre Lieblings- oder Wunschfarbe dafür.

Die von Ihnen auserwählte Hauptfarbe wird im Farbrad an die oberste Stelle gesetzt.

Und um sich die Grundsätze wirklich klar zu machen, möchten wir bei dieser Übung ganz streng die Regeln befolgen und sagen deshalb: „Wir wollen keine Kirschen auf dem Pflaumenkuchen!" – also keine weiteren Farben, außer den genannten.

So, nun gibt es eine Reihe von Möglichkeiten, die wir uns einmal genauer anschauen.

Damit es nicht zu verwirrend wird, legen wir hier eine Lieblingsfarbe fest: Rot!

1 Das Verwenden von nur einer Farbe: DAS MONOCHROME FARBSCHEMA

ROT WIRD AUF 12 UHR GEDREHT. NUR DER ROTE FARBSTREIFEN ZÄHLT.

Monochrom bedeutet, dass wir lediglich eine Farbe, in diesem Beispiel also Rot, verwenden. Aber das muß nicht immer nur die kräftige Variante sein: Alle möglichen Farbtöne sind richtig. Das kann ein ganz zarter Pastellton oder ein fast schon bräunlich wirkendes Rot mit einem hohen Schwarzanteil sein.

Alle Rottöne passen automatisch zueinander, wenn um sie herum keine weiteren Farben vorhanden sind.

Das war nicht schwer oder? Was ist aber, wenn Sie in einem Raum mehr als eine Farbe verwenden wollen oder müssen? Hier gibt es nun, den Farbregeln folgend, einige weitere Möglichkeiten. Sehen wir uns die erste davon an:

2 Das Verwenden von 2 Farben, und zwar von zwei Farben die sich im Farbrad gegenüber liegen:
DAS KOMPLEMENTÄRE FARBSCHEMA:

ROT WIRD WIEDER AUF 12 UHR GEDREHT – UND HINZU KOMMT DIE GEGENÜBERLIEGENDE FARBE, DIE AUF 6 UHR LIEGT, IN DIESEM FALL: GRÜN. NUN ZÄHLEN NUR DER ROTE UND GRÜNE FARBSTREIFEN.

Diese beiden Farben zu kombinieren ist schon mutig, da sie einen sehr kräftigen Kontrast zueinander bilden und die beiden Farben sich in ihrer Leuchtkraft gegenseitig verstärken.

Komplementäre Farben miteinander zu mischen ist ein sehr lebendiges Farbschema und funktioniert am besten, wenn eine Farbe im Raum dominiert, also deutlich mehr als die andere vorhanden ist.

UNSER TIPP

Wir verwenden das Komplementäre Farbschema am liebsten in der Kombination mit vielen neutralen Wänden. Gerade bei der hier gezeigten Variante von Rot und Grün funktioniert es dann am besten, wenn die dominierende Farbe entweder den Raum aufwärmt oder kühlt – und die gegenüberliegende komplementäre Farbe dann diesen Effekt lediglich in den Dekorationen ein wenig neutralisiert.

3 Das Verwenden von 3 Farben:
DAS SPLIT-KOMPLEMENTÄRE FARBSCHEMA:

HIER WIRD ES LANGSAM BUNT! BEI DIESEM FARBSCHEMA DREHEN SIE DAS FARBRAD WIEDER SO, DASS ROT AUF 12 UHR LIEGT.

Rot ist unsere Hauptfarbe – aber nun gesellen sich 2 weitere Farben hinzu, und zwar die, die rechts und links neben der Komplementärfarbe liegen: in unserem Fall sind das Gelbgrün und Türkis.

Auf den ersten Blick ist das eine etwas ungewöhnliche Zusammenstellung – und wie wir finden, auf den zweiten auch noch – aber sie funktioniert!

Hier dreht es sich nun um drei Tortenstücke in den entsprechenden Farben, die natürlich wieder in allen Farbtönen verwendet werden können.

Wie beim Komplementären Farbschema sollte wieder eine Farbe klar dominieren (in unserem Fall ist es Rot) und die anderen beiden Farben sollten nur in geringen Mengen und nicht großflächig im Raum vorhanden sein (z.B. nicht als Bodenbelag oder als große Möbelstücke).

Vielleicht denken Sie jetzt: Also mir gefällt dieses Farbschema gar nicht. Das verstehen wir. Es ist eine ungewöhnliche Mischung. Die Lösung ist einfach: Verwenden Sie das Splitkomplementäre Farbschema einfach nicht. Erinnern Sie sich an die wichtigste Regel von allen: Sie und alle Nutzer des Raumes sollen sich darin wohlfühlen!

Kommen wir aber zu einem möglichen Grund, weshalb Sie das Splitkomplementäre Farbschema eventuell doch einmal anwenden werden: Immer dann nämlich, wenn Sie mehr als eine Farbvorliebe unter einen Hut bringen müssen, wie z.B. die Lieblingsfarben Ihrer weiteren Familienmitglieder. Oder vielleicht müssen Sie mehr als eine Funktion, wie z.B. Wohn- und Arbeitsecke, in einem Raum verbinden. Sie teilen Ihr Arbeitszimmer mit Ihrem Mann und der Schreibtisch Ihres Mannes hat eine Farbe, die er absolut liebt, Sie aber wollen einen Arbeitsbereich mit einer anderen Farbe? Anstatt das jetzt einer von Ihnen „seine" Farbe aufgeben muss, versuchen Sie diese mit den hier vorgegebenen Regeln zu vereinen. Vielleicht ist am Ende Ihr Lieblingsort in Rottönen mit nur ganz wenigen kleinen türkisen und gelbgrünen Elementen und der Schreibtisch Ihres Mannes ist voller Türkis, mit nur wenigen roten und gelbgrünen Elementen.

Warum dann überhaupt Gelb-Grün? Wenn es keiner von Ihnen will? Das Gelbgrün verbindet die anderen beiden Farben und schafft so einen Ausgleich zwischen den warmen und kalten Elementen.

Das war aber noch nicht alles.

4 Das Verwenden von bis zu 5 Farben:
DAS VERBUNDENE FARBSCHEMA:

Das klingt richtig bunt, oder? Stimmt, das kann es sein – muß es aber nicht! Sehen wir uns die Möglichkeiten an: In diesem Schema werden die auf dem Farbrad rechts und links an Rot angrenzenden Farben mit einbezogen.

Möglich sind:
Rot und vier Farben in die eine Richtung:
Rot / Rotorange / Orange / Gelborange / Gelb
oder in die andere:
Rot / Rotblau / Violett / Blau / Türkis

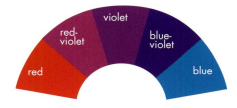

Oder die je zwei an Rot angrenzenden Farben
links: Rot / Rotorange / Orange und
rechts: Rot / Rotblau / Violett

Nun erwähnten wir, dass dieses Schema richtig bunt sein kann – und das ist es auch, wenn alle fünf Farben, die gezeigt auch verwendet werden. Es ist eine sehr fröhliche Kombination und genau richtig für Menschen die sich mit viel Farbe wohlfühlen.

Für alle, die es etwas weniger bunt lieben, funktioniert aber auch eine schlankere Variante: Nehmen Sie statt fünf, einfach weniger unterschiedliche Farben, z.B. nur zwei oder drei. Wenn diese direkt nebeneinanderliegen haben Sie eine sehr harmonische Kombination.

Auf unseren Bildbeispielen sehen Sie eine Variante mit stark gesättigten kräftigen Farben und einmal die gleiche Situation mit weniger strahlenden, zurückhaltenden Farben mit weniger Sättigung. Es geht weiter: Wählen Sie z.B. zwei Farben die nicht direkt nebeneinanderliegen, wird es immer extravaganter und spannender – bleibt aber stimmig.

Bildbeispiel (Rot/Blau) Man kann hier auch eine Zwischenfarbe als Vermittler wählen: z.B Violett.

GANZ KUNTERBUNT?

Was ist, wenn ich nun mehrere Farben verwenden will, diese aber nach den Farbregeln nicht zueinander passen? Dann kommt die Regel 1 ins Spiel: Erlaubt ist, was gefällt. Wenn Sie und alle anderen Nutzer des Zimmers sich in kunterbunten Räumen wohlfühlen, dann leben Sie doch in kunterbunten Räumen.

Auch wir durchbrechen gelegentlich die Regeln und lieben z.B. einen Esstisch mit kunterbunten Stühlen drumherum. Das macht gute Laune und ist z.B. toll für eine Party. Die hier angegebenen Regeln für Farbschemen sind generelle Anleitungen, wie Sie harmonische und als stimmig empfundenen Räume gestalten können. Sie sind kein „Gesetzbuch" und die oberste Priorität ist immer Ihr ganz persönlicher Wohlfühlfaktor!

Trotzdem haben wir auch hier wieder eine kleine Grundregel für Sie: Wenn Sie Farben nehmen, die den Farbregeln entsprechend nicht funktionieren, dann benutzen Sie am besten nicht mehr als vier verschiedene Farben in einem Raum und nutzen Sie diese in derselben Helligkeit und Sättigung. Weiße Wände und ein grauer oder ein Holzfußboden sind die idealen Partner für Ihr kunterbuntes Farbschema.

FAZIT: Sie kennen nun vier Möglichkeiten, wie man Farben so kombinieren kann, dass sich die Mehrheit der Menschen mit ihnen wohlfühlt! Doch Stopp!
Dieses Buch heißt zwar „Wohlfühlfaktor Farbe", aber vielleicht haben Sie ja auch Räume, wo Sie es gar nicht so bunt mögen? Für diesen Fall bekommen Sie natürlich auch ein paar Tipps! Wir nennen diese unbunten Farben neutrale Farben.

5 Das Verwenden von unbunten bzw. neutralen Farben: DAS NEUTRALE FARBSCHEMA:

Sie haben bereits gelesen, dass im Grunde jede Farbe neutral sein kann, wenn man nur genug Weiß, Schwarz oder Grau hinzufügt. Wir bezeichnen alle Farben, in denen kaum noch farbige Pigmente vorkommen als neutral, also z.B. auch Beigetöne wie Sand, alle Grautöne, Taupe etc.

Hier gibt es die tollsten Varianten: Sie können z.B. nur warme Neutralfarben wie Beige, Creme, Sand, Taupe miteinander mischen.

Oder: Sie können einen supereleganten Raum mit Grau und Weiß einrichten. Ein Klassiker ist immer ein schwarz-weißes Farbschema. Oder Sie nehmen nur Weiß- und Cremetöne – das ist sehr elegant, leider aber auch sehr empfindlich in der Nutzung und wirkt schnell kühl.

Die Möglichkeiten sind unendlich und neutrale Farbschemen sind sowohl trendunabhängig als auch sehr populär.

Neutral eingerichtete Räume lieben Metalle wie Chrom, Silber, Gold und Kupfer in den Dekorationen.

AUF EINEN BLICK:

▎Erlaubt ist, was gefällt – Ihr persönlicher Wohlfühlfaktor hat oberste Priorität.

▎Es gibt Regeln zum Anwenden von Farben, die von den meisten Menschen als harmonisch empfunden werden. Sie helfen uns bei der Gestaltung und der Kombination von Farben.

▎Die gezeigten Farbschemen haben entweder nur eine, zwei, drei oder bis zu fünf Farben oder sind neutral bzw. unbunt.

FARBE UND HAPTIK

Neutrale Farben passen automatisch gut zusammen – trotzdem sehen so gestaltete Räume manchmal komisch aus. Sie wirken oft sehr kalt und nüchtern. Warum ist das so?

Gefällt Ihnen z.B. ein schwarz-weißes Farbschema, dann werden Sie merken, dass die Kontraste sehr hart sind. Möchten Sie die harten Kontraste nicht, könnten Sie diese durch eine Zwischenfarbe wie Grau etwas weicher machen.

Kalt wirkt ein Raum dann oft trotzdem. Der Grund ist, dass weder Schwarz noch Weiß oder Grau warme Farben sind. Wir haben gelernt, dass ein harmonisches Zimmer meistens eine Balance aus warmen und kalten Farben hat. Was machen wir aber, wenn wir keine warmen Farben verwenden möchten, wie in diesem Bildbeispiel dargestellt?

Dann gibt es einen anderen Weg, mit dem Sie Wärme bzw. etwas Gemütlichkeit in diese Kombination bringen können. Das Geheimnis liegt in den Oberflächen der Dinge, die im Raum verwendet werden. Wir erleben nämlich visuelle Wärme und Kälte nicht nur durch Farben, sondern auch durch die Oberflächen von Materialien, der sogenannten Haptik.

Klar, wenn Sie darüber nachdenken, dann werden Sie wahrscheinlich glatte Materialien wie Glas, Chrom, Lack als kühler empfinden als zum Beispiel Wolle, Samt, Holz.

Dieses Gefühl überträgt sich auf alles, was in einem Raum verwendet wird: ein Stoffsofa fühlt sich nicht nur mit den Fingern wärmer an, sondern es wird auch visuell von uns Menschen als wärmer empfunden als z.B. ein Glattledersofa. Ein Glastisch wirkt kühler als ein Holztisch.

Damit nicht genug, denn Holz ist nicht gleich Holz und ein hochpolierter lackierter Holztisch fühlt sich kühler an als ein naturbelassener Holztisch. Kissen mit einem Leinenbezug fühlen sich visuell kühler an als ein Kissen mit einem Fellbezug usw.

Sie merken also, dass Haptik für den Wohlfühlfaktor in einem Raum enorm wichtig ist. Wir können ganz besonders durch die Kombination von Farben und der Haptik im Raum die gewünschte Stimmung beeinflussen oder auch schaffen.

Wenn wir streng der Regel folgen, dass jeder harmonische Raum immer eine Balance von Warm und Kalt haben sollte, dann könnten wir sogar so weit gehen, dass die Farbwahl die Wahl der Oberflächen im Zimmer beeinflusst. Oder auch anders herum: Dann nämlich, wenn wir die Gestaltung eines Raumes damit beginnen, dass einige Lieblingsdinge wie z.B. ein Sofa, ein Erbschrank etc. unbedingt im Raum bleiben sollten. Könnten wir ausgehend von den Oberflächen/der Haptik dieser Dinge, die Farben ausgleichend (entweder wärmend oder kühlende Farben) dazu auswählen.

Für den Wohlfühlfaktor hängen Haptik und Farbe also voneinander ab.

CHECKLISTE

▌ Achten Sie darauf, immer verschiedene Oberflächen einzusetzen. Benutzen Sie Wolle, Seide, Leinen, Samt, Fell, Gewebtes, Flauschiges, Gemustertes, Kuscheliges, Besticktes…

▌ Am einfachsten geht dies mit Kissen, Decken, Tagesdecken, Gardinen und Teppichen.

▌ Achten Sie bei der Möbelwahl auch auf einen Wechsel in den Oberflächen. Das macht einen Raum direkt viel interessanter, als wenn alle Möbel aus dem gleichen Material, gleicher Farbe und Oberfläche sind.

▌ Kombinieren Sie matte und glänzende, massive und gläserne Oberflächen etc.

▌ Natürliche Materialien wie unlackiertes Holz, Sträucher, Sisal, Rattan oder Bast geben Räumen Wärme und nehmen ihnen die Strenge. Toll sind auch Korbwaren.

UNSER TIPP

Kombinieren Sie nicht nur die verschiedenen Oberflächen, sondern auch die Formen, z.B. runde und eckige. Und das sowohl bei Möbeln, Dekorationen und Lampen.

AUF EINEN BLICK

- Für die Gestaltung eines harmonischen Raumes sind die Oberflächen der Dinge im Raum genauso wichtig wie die Farben.

- Wir empfinden nicht nur Farben als kalt und warm, sondern auch Oberflächen.

- Für einen harmonischen Raum brauchen wir sowohl kalte als auch warme Oberflächen.

- Warm empfundene Oberflächen sind z.B. Wolle, Samt, Felle, Korb, Rattan und unlackiertes Holz.

- Kalt empfundene Oberflächen sind z.B. Chrom, Glas, lackiertes Holz aber auch Seide und Leinen.

- Farbe und Haptik sind in einem harmonischen Raum voneinander abhängig und bestimmen sich gegenseitig.

Wärme durch warmes Rot und kuschelige Oberflächen.

FARBE UND LICHT

Neben den eigentlichen Farben und den Oberflächen von Materialien hat ein wichtiger, dritter Faktor einen enormen Einfluss auf den Wohlfühlfaktor in unseren Räumen: **LICHT!**

Licht ist etwas, zu dem wir uns magisch hingezogen fühlen. Fast alle Menschen wünschen sich helle Räume mit viel Licht.

Oder geht es Ihnen anders? Wenn Sie z.B. zwischen zwei Wohnzimmern auswählen könnten, von denen das eine nach Norden geht und nur wenig Sonne bekommt, und das andere südlich ausgerichtet und von Licht durchflutet ist, welches würden Sie dann bevorzugen? Sehr wahrscheinlich wohl das südlich ausgerichtete Wohnzimmer, oder? So entscheiden zumindest die meisten von uns, denn helle Räume wirken nicht nur größer, sondern auch vor allem freundlicher. Wir fühlen uns einfach wohler darin.

Um den bestmöglichen Wohlfühlfaktor im Raum zu bekommen, sollten wir deshalb immer versuchen, das Beste aus dem im Raum vorhandenen Licht herauszuholen.

Obendrein beeinflusst Licht enorm die Wirkung einer Farbe. Ob z.B. die Farbe eines Teppichs oder Bildes zuhause genauso strahlend wie im Fenster des Ladens wirkt, hängt davon ab, wie viel und vor allem auch welches Licht im neuen Umfeld dann darauf scheinen wird.

Dies ist übrigens der Grund, warum ein Urlaubsmitbringel oder auch der neu mitgebrachte Bikini aus einem Land, welches viel intensives natürliches Licht hat, z.B. Griechenland, Mexiko etc., wieder Zuhause in Nordeuropa auf einmal ganz anders wirkt.

Wenn also Licht so wichtig ist, wie schaffen wir es dann, viel aus unserem vorhandenen natürlichem Licht zu machen? Zunächst einmal, indem wir so viel Licht wie möglich in den Raum herein lassen, z.B. durch nur leichte oder gar keine Gardinen. Oder durch eine Fensterbekleidung die möglichst viel Fensterfläche frei und daher Licht in unsere Räume lässt. Einfach aber logisch, oder?

Wir können das Tageslicht bzw. die Helligkeit in einem Raum aber auch bewusst durch lichtmaximierende Farben und Materialien verstärken oder verändern.

Warum sollten wir das tun? Licht beeinflusst unsere Stimmung. Helles Licht macht uns wach, trüberes oder schummeriges Licht lässt uns entspannen. Das bedeutet also, dass wir gar nicht immer das hellstmögliche Licht in einem Raum brauchen oder vielleicht sogar gar nicht wollen.

Was machen wir nun mit diesem Wissen? Wir nutzen es um ganz bewusst die Farben für unsere Räume auszusuchen, die uns in die von uns gewünschte Stimmung versetzen.

Denn Farben wirken, je nachdem was für ein Licht auf sie scheint, unterschiedlich.

Klingt das kompliziert? Dann haben wir dazu für Sie einige wichtige „Grundregeln":

FARBWIRKUNGEN BEI UNTERSCHIEDLICHEM LICHT:

Helles Licht lässt eine Farbe sozusagen erstrahlen. Sie intensiviert sie.

Wenig oder dunkles Licht nimmt einer Farbe die Intensität. Die Farbe wird als weniger strahlend bzw. als „ruhiger" wahrgenommen.

Nördlich oder nordöstlich ausgerichtete Räume haben nie direktes Sonnenlicht und auch das wenigste Tageslicht. Das Licht in diesen Zimmern ist wenig intensiv und erscheint uns gräulich. Nördlich ausgerichtete Räume wirken nie so hell auf uns wie Räume, in die direktes Sonnenlicht scheint.

Südlich ausgerichtete Räume haben das meiste Licht. Das Licht ist intensiv und scheint bei gutem Wetter hell und golden.

Um eine Balance im Raum zu schaffen, sollten wir grundsätzlich südlich ausgerichteten Zimmern zumindest einige kalte Farbelemente geben, und nördlich ausgerichtete Räume sollten mit warmen Farben visuell aufgewärmt werden.

Welches Licht eignet sich am besten für welche Räume?

Die Antwort hängt davon ab, wie und wann Sie Ihre Räume nutzen wollen. Als Beispiel werden Küchen von vielen Menschen morgens genutzt. Hier wäre ein Raum mit östlichem Tageslicht gut geeignet. Schlafzimmer, in denen Sie lediglich schlafen wollen, benötigen nicht viel Tageslicht, und eignen sich daher grundsätzlich gut für Räume mit nördlicher Ausrichtung. Möchten Sie dagegen jeden Morgen von der Sonne geweckt werden, sollten Sie im Idealfall Ihr Schlafzimmer in einen Raum verlegen der östliches Licht bekommt usw.

Vielleicht fragen Sie sich jetzt, welche Farbe denn zu welchem Licht am besten passen würde? Dazu haben wir hier einige Hilfestellungen notiert.

Finden Sie die richtige Farbe für den richtigen Raum und die richtige Stimmung:

CHECKLISTE

Sehen Sie sich den zu gestaltenden Raum ganz genau an und notieren Sie, wie viel natürliches Licht es gibt. Viel? Wenig? Ist der Raum nördlich oder südlich ausgerichtet? Nehmen Sie sich ein paar Tage Zeit und beobachten Sie das Licht im Zimmer. Wann scheint die Sonne herein? Wann nicht?

Fragen Sie sich jetzt: Passt das vorhandene Licht zur Nutzung meines Zimmers? In einem Wohnzimmer hätten Sie wahrscheinlich gerne nachmittags viel Sonnenlicht. Wann soll in Ihrem Büro Licht sein? Und an welcher Stelle im Raum? Und scheint das Sonnenlicht dann auf meinen Bildschirm? Oder möchte ich Malen oder Handwerken und wünsche ich mir an einer Stelle besonders viel Licht? Oder möchte ich in dem Raum z.B. eine Meditations- oder Yogaecke haben, in der gedämpftes Licht willkommen und viel Tageslicht nicht notwendig wäre?

UNSER TIPP

Licht ist so wichtig für unser Wohlfühlgefühl und entscheidet maßgeblich mit, ob wir uns gerne in einem Raum befinden, dass wir der Meinung sind, es macht nicht viel Sinn komplett gegen natürliches Licht anzukämpfen. Beobachten Sie vor der Einteilung der Zimmer in seine Funktionen ganz bewusst das vorhandene Licht, und zwar in jedem Ihrer Wohnräume. Bedenken Sie vor dem Einrichten wo Sie welche Dinge ausüben wollen, und fragen Sie sich: Passt das zu dem vorhandenen Tageslicht?

Überlegen Sie im extremsten Fall sogar ob es möglich ist, dass Sie die Funktionen zweier (oder sogar einiger) Zimmer komplett gegeneinander austauschen können. Das scheint Ihnen vielleicht radikal, aber wir wissen, das Ihr Wohlfühlfaktor im Raum steigen wird, wenn das natürliche Licht zum Zimmer passt.

Suchen Sie sich jetzt eine Wandfarbe aus. Bedenken Sie die Stimmung die Sie erzeugen wollen, und natürlich auch das im Raum vorhandene Licht. Wollen Sie in einem sehr hellen Raum z.B. ein intensives Rot nutzen, wird diese intensive und belebende Farbe durch das viele vorhandene Tageslicht noch einmal intensiver. Ist Rot also die richtige Farbe? Oder soll das Zimmer eine ruhigere Stimmung haben? Dann wäre Rot als Wandfarbe ungeeignet – und sollte nur in den Dekorationen verwendet werden.

Wenn es wirklich Rot sein soll, dann in welchem Farbton? Ist eine trübere Variante besser geeignet als eine intensive Farbe? Oder ein dunklerer Ton besser als ein heller?

Grundsätzlich gilt, dass helle Räume eine trübere Wandfarbe vertragen.

Um einen „Geblendet-sein-Effekt" von weißen Wänden in südlich ausgerichteten Räumen zu vermeiden, können Sie einfach ein bisschen Grau oder Braun in Ihren weißen Farbeimer mischen.
Bei nördlich ausgerichteten Zimmern dagegen mischen Sie ein wenig Gelb in Ihr Weiß. So vermeiden Sie, dass Ihre weißen Wände durch nördliches Licht einen „Grauschleier"- Effekt bekommen.

Die Farben für westlich und östlich ausgerichtete Räume sollten Sie nach der gewünschten Stimmung und der Menge des vorhandenen Lichtes auswählen. Übrigens ist Tageslicht immer wärmer als künstliches Licht.

Pastelltöne scheinen am schönsten in hellen Räumen.
Licht in Räumen kann sehr effektiv durch Spiegel und glänzende Oberflächen auf Möbeln, wie z.B. Lacktischen oder auch glänzenden Fußbodenbelägen, maximiert werden. Die erzeugten Lichtreflexe machen Räume lebendiger und spannender.

Südliche Ausrichtung zweier Zimmer, die visuell mit Blau „gekühlt" wurden.

KÜNSTLICHES LICHT UND FARBE

Da wir im wahren Leben leider nicht immer den bestmöglichen Fall haben, bei dem wir unsere Zimmernutzung völlig frei auswählen können, möchten wir hier zumindest kurz auf die Wirkung von künstlichem Licht auf Farbe eingehen.

Da die optimale Auswahl von Lichtkonzepten ein weiteres Buch füllen würde, haben wir uns hier der Einfachheit halber auf nur einige generelle Grundregeln beschränkt:

UNSER TIPP

Achten Sie auch bei der Auswahl Ihrer Lampen darauf, welche Farbe diese anstrahlen und wählen Sie Ihre Leuchtmittel/Glühbirnen angepasst. Auch hier gilt wieder: warmes Licht intensiviert die Farbe, kühles, sehr helles Licht „wäscht" diese aus. Welche Stimmung soll die Lampe erzeugen?
Und: Welche Funktion hat sie? Soll sie im Hintergrund Licht erzeugen, um eine entspannte Atmosphäre zu schaffen? Oder soll sie z.B. helles Licht beim Zubereiten und Schneiden von Gemüse in der Küche sein?

CHECKLISTE

- Auch künstliches Licht beeinflusst die Wirkung von Farben in Räumen. Bewusst eingesetzt kann es die Stimmung in einem Raum stark verändern.

- Es kann z.B. eine farbliche Nische, Wand oder einen bestimmten Bereich im Raum hervorheben.

- Es kann dunkel eingerichtete Bereiche erhellen oder helle Bereiche gemütlicher erscheinen lassen.

- Es kann Ecken ausleuchten und damit den Raum größer erscheinen lassen.

- Grundsätzlich sollte es in jedem Raum mindestens drei verschiedene Arten von künstlicher Beleuchtung geben: Eine Deckenbeleuchtung, Lampen die Atmosphäre schaffen (z.B. als Stehlampe in einer Sofaecke oder im Essbereich) und Funktionsleuchten, wie z.B. im Badezimmer eine sehr helle Lampe zum Schminken oder eine Arbeits- bzw. Leselampe am Schreibtisch oder Lesesessel.

- Leuchtmittel wie Glühbirnen, LEDs oder Halogenlampen haben unterschiedliche Lichtfarben. Fast alle Leuchtmittel können als warmes oder kaltes Leuchtmittel gekauft werden. Bedenken Sie, dass Sie im Winter mehr künstliches Licht als im Sommer brauchen werden.

- Flure haben normalerweise wenig natürliches Licht. Achten Sie deshalb hier auf ausreichend künstliches Licht. Niemand möchte von einer dunklen Höhle willkommen geheißen werden.

- Mauve (ein Blau-Violett mit grauem Unterton) und Kaffeefarben wirken sowohl bei künstlichem als auch natürlichem Licht gleich.

Wir empfehlen Zimmerdecken Weiß zu streichen. Ausnahmen sind sehr hohe Räume, z.B. bei Altbauten. Die Decke sollte immer deutlich heller als die Wände sein, damit sie Ihnen nicht visuell „auf den Kopf fällt".

▶ **QUERVERWEIS:** Mehr zum Thema Farbkombinationen in Kapitel 5 ab Seite 212.

Gutes Licht am Abend macht eine tolle Atmosphäre. Idealerweise befinden sich immer mehrere Lichtquellen im Raum. So wird er gleichmäßig beleuchtet, wirkt größer und keine einzelne Lichtquelle muß so hell sein, dass sie blendet.
Mit Wandlampen kann man gezielt Stellen aufhellen. Das ergibt eine spannendere Lichtstimmung als es Deckenleuchten schaffen.

Diese Lampe gibt nicht nur selbst Licht, sie reflektiert es auch, da sie eine glänzende Oberfläche hat.

Mit der richtigen Beleuchtung kann man die Raumproportionen beeinflussen: Diese runden Lampenschirme lassen das Licht x-förmig austreten und verbreitern den Raum so optisch.

Ein dunkler Schrank schluckt im Schlafzimmer sehr viel Licht, zu hell sollte es hier aber auch nicht werden. Unser Lösungsvorschlag: Eine Leseecke mit sonnigem Gelb und einer Leseleuchte.

Ein Lichtvergleich: Einmal bei künstlichem und einmal bei natürlichem Tageslicht.

Hier zwei Beispiele von gut beleuchteten Räumen.

Erleben Sie die Wirkung von Farben durch LED-Lichteffekte!

Neue Lichteffekte durch LED-Leuchtmittel erlauben Ihnen die Stimmung im Raum mit dem Finger zu verändern. Tauchen Sie Ihr Zimmer mit einer App auf Ihrem Smartphone oder mit einem Dimmer, in eine völlig andere Farbe und erleben Sie den Effekt.

Und wie geht es Ihnen? Wird Ihnen im roten Raum wärmer?
Greifen Sie im blauen Raum zur Wolldecke?

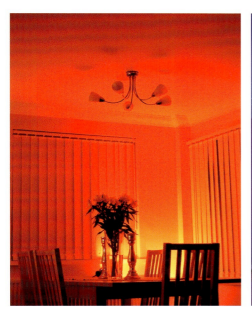

Bei diesen beiden Beispielen sind die Farben entfernt und Sie erleben den Unterschied zwischen warmem und kaltem Licht.

Erkennen Sie welche Seite mit dem warmen Licht beleuchtet wurde?

Auflösung: links!

AUF EINEN BLICK:

- Licht hat einen großen Einfluss auf unseren Wohlfühlfaktor.

- Farben wirken je nach Lichteinfluss unterschiedlich.

- In südlich ausgerichteten, lichtdurchfluteten Räumen wirken Farben intensiver.

- Nördlich ausgerichtete Räumen haben das wenigste natürliche Licht und die Farben wirken hier trüber.

- Nördlich ausgerichtete Räume können durch helle warme Farben das vorhandene Licht maximieren.

- Bei der Auswahl von Farben in einem Raum gilt es, das vorhandene natürliche Licht zu bedenken. Nur so kann der gewünschte Farbton und Effekt im Raum erzeugt werden.

- Auch künstliches Licht beeinflusst die Wirkung in einem Raum und kann effektiv genutzt werden, um z.B. ein dunkleres Farbschema erfolgreich zu wählen.

- Künstliche Leuchtmittel (Glühbirnen etc.) gibt es mit warmen und kaltem Lichteffekt. Diese sollten wir nutzen, um unsere Farben in der gewünschten Wirkung zu präsentieren.

2 DIE FARBTYPEN!

Erst sich selber testen, dann machen!

WELCHER FARBTYP SIND SIE? TESTEN SIE SICH!

Wie finde ich die richtigen Farben für meine Räume? Und was gefällt mir eigentlich? Welche Farben passen zueinander? Was ist zu viel Farbe?

Bis jetzt haben Sie eine ganze Menge Theoretisches über Farben gelernt. Nun gilt es herauszufinden, mit welchen Farben Sie sich wohlfühlen.

Was für ein Farbtyp sind Sie? Wissen Sie es? Sind Sie eher jemand der mehrere Farben bevorzugt oder nur ganz wenige? Sollten diese Farben strahlend und kräftig oder lieber gedämpft oder sanft und ganz hell sein?

Mögen Sie starke Kontraste oder lieber ein harmonisches Nebeneinander? Sind Schwarz und Weiß Ihre Favoriten oder bevorzugen Sie Naturtöne wie Braun, Beige, Karamell, Kaffee, Sand, Taupe? Vielleicht gefallen Ihnen einige dieser Ideen und Sie fragen sich, warum soll ich mich eigentlich festlegen? Natürlich müssen Sie dies nicht. Wir möchten Sie einladen, sich mit uns auf ein kleines Experiment einzulassen und zu erleben: Welche Farbkombination gefällt mir am besten? Vielleicht sind es mehrere, vielleicht stellt sich aber auch ein klarer Favorit heraus. Gehen Sie auf Entdeckungsreise. Vielleicht erleben Sie eine Überraschung, oder aber es bestätigen sich Ihre alten Vorlieben. Auf jeden Fall wünschen wir Ihnen viel Spaß dabei.

UNSER TIPP

Was spricht Sie in Wohnzeitschriften an? Testen Sie sich und überlegen Sie einmal ganz bewusst: Sind es die vorhandenen Farben? Oder ist es die Harmonie, die die dort gezeigten Räume ausstrahlen? Welche Bilder finden Sie besonders schön? Und welche Farben sind dafür vorhanden?

WIR NEHMEN IN UNSEREM BEISPIEL
EIN GANZ NORMALES WOHNZIMMER – DIESES HIER:

Sie sehen Wände, ein Fenster, einen Holzboden, zwei Sofas, ein TV-Element und eine Lampe. Alle diese Basisteile sind völlig unbunt, also neutral gehalten. Dieses Zimmer ist unsere Ausgangssituation.

DIE AUSGANGSSITUATION:

Sagen Sie bei diesem Beispiel: „WOW! Das ist ja endlich mal ein Raum, der Ruhe ausstrahlt, in dem alles zurückhaltend ist – so würde ich gerne wohnen!" Dann sagen wir: „Schön für Sie". Die meisten von uns wünschen sich jedoch etwas mehr an Dekoration. Für alle die es bunter mögen, sollen jetzt noch Farben, zumindest durch zusätzliche Dinge im Raum, hinzukommen. Auf den nächsten Seiten finden Sie unterschiedliche Vorschläge von uns.

WELCHES BEISPIEL GEFÄLLT IHNEN AM BESTEN?

BEISPIEL 1: GANZ NEUTRAL

BEISPIEL 2: DENZENTE FARBEN

BEISPIEL 3: FARBE NUR IN DEN DEKORATIONEN

BEISPIEL 4: MIT INTENSIVER FARBE

BEISPIEL 5: FARBE – INTENSIV UND MIT EINER FARBIGEN AKZENTWAND

BEISPIEL 6: MEHR ALS EINE FARBE, ABER MIT EINER HAUPTFARBE

BEISPIEL 7: ZWEI HAUPTFARBEN

BEISPIEL 8: BUNT

BEISPIEL 9: BUNT – MIT AKZENTWAND

Welches ist Ihr persönlicher Favorit?

Warum? Notieren Sie sich hier die Gründe dafür:

DAS ERGEBNIS:

Schreiben Sie alle Typen die Ihnen gefallen haben auf einen Zettel. Und jetzt notieren Sie noch einmal daneben, ob Sie in so einem Raum leben möchten. Was gefällt Ihnen hier besonders gut? Das Fell? Der flauschige Teppich? Die leichten Gardinen? Die doppelten Gardinen? Oder sind es vor allem die tollen, modernen Dekorationen? Oder die vielen Kissen und Decken?

DIE EIGENEN WOHLFÜHLFARBEN HERAUSFINDEN – WARUM?

Wofür dient das Ganze jetzt? Was haben Sie herausgefunden? Hoffentlich: Ihre ganz persönliche(n) Vorliebe(n) und damit die Grundvoraussetzung um in Ihrem Zuhause Ihre eigene Wohlfühloase zu schaffen.

Unser Zuhause ist so vieles für uns. Es ist ein Ort der Entspannung und Regeneration, des Feierns und der Inspiration. Wir wollen dort vor allem glücklich und zufrieden sein, kurzum: uns wohlfühlen!

Okay, aber warum ist es hilfreich seine Wohlfühlfarben bzw. Wohlfühlfarbkombinationen zu kennen? Weil wir uns der Wirkung von Farbe schlicht und ergreifend nicht entziehen können. Wir erleben und reagieren auf Farbe – ob wir es wollen oder nicht. Unserer Meinung nach ist es dann doch besser diese Wirkung für uns zu nutzen, oder? Farben helfen uns, unseren Bedürfnissen gerecht zu werden und auch unseren ganz eigenen Lebensstil auszudrücken.

Sie denken jetzt vielleicht: Moment mal, ich soll Farben nutzen, um meinen Bedürfnissen gerecht zu werden? Wie das denn? Zum Beispiel, indem wir helle Farben nutzen um in einem Büro/Home Office inspiriert zu werden – oder aber im Gegenteil, wir z.B. Blau oder gedeckte Farben wie Mauve nutzen, um als gestresster Mensch im Büro eine beruhigende Wirkung zu erhalten. Wir können z.B. bei einer sehr diskussionsfreudigen Familie Farbe dazu nutzen, mehr Ruhe in die Küche zu bekommen, indem wir eine orange-rote Küche mit z.B. einem gesättigtem Grün beruhigen.

Farbe ist also etwas richtig Spannendes, das uns beeinflusst und die meisten von uns nicht bewusst wahrnehmen. Dass dies so ist, erleben wir täglich, denn wir arbeiten jeden Tag mit Farben und sehen dabei den Effekt, die Farben auf unsere Kunden haben.

UNSER TIPP

Unsere Wohlfühlfarben im Wohnbereich sind meistens nicht identisch mit den Lieblingsfarben unserer Kleidung.

MEHR ZUM EFFEKT VON FARBEN

In unserem Berufsalltag treffen wir häufig auf Wohnungen die kunterbunt eingerichtet sind. Oftmals wohnen darin Menschen die mit dieser Situation nicht zufrieden sind, aber auch nicht wissen, warum genau die ausgewählten Farben nicht den gewünschten Effekt haben. Was genau ist „falsch"? Oft ist schon viel ausprobiert worden, man hatte die eine Wand mal von grün auf rot gestrichen, aber trotzdem stimmt immer noch etwas nicht.

Als professionelle Home Stager richten wir Räume ein, die nicht auf einzelne Personen zugeschnitten sind, sondern die einer möglichst breiten Zielgruppe gefallen müssen. Wenn wir bunte Wohnungen für den Verkauf herrichten, setzen wir Farbe nur dezent ein. Das heißt: Wände werden wieder weiß und wir beschränken uns bei der Dekoration auf lediglich ein bis zwei Töne der vorhandenen Farbgruppen – alle anderen verschwinden. Das ist eigentlich schon unser größtes Geheimnis.

Das Ergebnis löst fast immer ein großes Staunen aus: „Was haben wir für eine schöne Wohnung! Warum ist uns das nicht schon vorher gelungen, das war doch gar nicht so viel Arbeit!"

Jetzt wissen Sie warum es sich lohnt, Ihre eigenen Wohlfühlfarben zu finden. Und jetzt wollen wir schauen, welcher Farbtyp Sie sind!

DIE FARBTYPEN

Welches Raumbeispiel hat Ihnen am besten gefallen?

BEISPIEL 1: DER „ICH BRAUCHE KEINE FARBE!", ALSO GANZ NEUTRALE FARBTYP

DAS KÖNNTE IHNEN GEFALLEN:

- Sie brauchen überhaupt keine Farbe und beschränken sich am besten auf Neutralfarben!

- Wenn Sie möchten, können Sie das analoge Farbschema anwenden und dann eine einzige Farbe in ganz geringem Maße einsetzen. Nehmen Sie eher die Farbtöne, die sich ganz weit Außen oder Innen im Farbkreis befinden: also ganz helle Pastelltöne, gesättigte oder ganz dunkle, fast schon Brauntöne.

- Achten Sie darauf, dass Sie abwechslungsreiche Oberflächen kombinieren: hat das Sofa einen glatten Bezug, kombinieren Sie raues Leinen, Strick, Felloptik, Samt. Siehe hierzu auch Kapitel 1 (ab Seite 22), Farbschema (ab Seite 34) und Haptik (ab Seite 36).

- Sind die Wände zurückhaltend in matt-beige oder matt-weiß gestrichen, nutzen Sie als Kontrast glänzende Accessoires.

- Inszenieren Sie Kunst oder Einzelstücke in Ihre Einrichtung.

- Accessoires in Holz passen toll dazu!

- Ein Kuhfell gibt einem neutralen Fußboden einen extravaganten Touch. Ganz einfach und elegant kann aber auch ein langfloriger Teppich, ein sogenannter Shaggy, sein. Wählen Sie in jedem Fall einen haptischen Kontrast, damit der Raum spannend wirkt.

BEISPIEL 2 & 3: DER „GERNE EIN WENIG FARBE!"-FARBTYP

DAS KÖNNTE IHNEN GEFALLEN:

- Es darf ein bisschen Farbe sein. Vielleicht nicht allzu kräftig, aber doch merkbar.

- Zu Ihnen passt sowohl das monochrome, als auch das verbundene Farbschema. In diesem Fall können Sie einfach eine oder zwei oder auch drei Nachbarfarben einsetzen. Allerdings sollten diese in der gleichen Helligkeit sein.

- Wenn Ihnen dieses dezente Farbschema gefällt, sollten Sie alle anderen Farben aus der Wohnung verbannen – dann werden Sie sich gleich wohler fühlen, weil die Räume dadurch mehr Ruhe bekommen.

- Sie haben es relativ leicht: Wahrscheinlich wird Ihnen eine farbige Wand schon zu viel „des Guten" sein. Sie können also Farbe ganz einfach mit Accessoires in den Raum bringen: Kissen, ein Bild, eine Decke, Gardinen.

Wenn Sie eine Gardine gefunden haben, die Ihnen gefällt, aber doch ein bisschen zu kräftig ist, hängen Sie einfach auf eine zweite Stange noch eine neutrale, vielleicht auch etwas transparente dazu.

Bei Kissen können Sie immer mehrere miteinander kombinieren. Legen Sie die Farbigen mal mehr nach vorne oder hinten – so können Sie die Intensität der Farben im Raum verändern.

Wenn Sie Flohmarktbesucher oder Ladenstöberer sind: Suchen Sie gezielt nach dekorativen Stücken, gerne auch ausgefallene Einzelstücke in Ihrer Lieblingsfarbe.

Sie können ganz leicht von Sommer auf Winterfarben umstellen oder passend zu Anlässen dekorieren: Wahrscheinlich reicht dafür schon eine Tüte voll Deko in der Farbe Ihrer Wahl.

Versuchen Sie in der gleichen Farbhelligkeit zu bleiben: Wir haben uns auf dem Bild linke Seite für ein Orange entschieden, das in der Helligkeit im mittleren Bereich liegt und es mit einigen farbig gesättigten Teilen wie der Decke kombiniert.

Übrigens ergänzt der vorhandene Holzton die Farbe optimal, denn er wirkt neutral, eher leicht kühl und wärmt den Raum haptisch nicht noch weiter auf, wie es z.B. Kirsche oder ein anderes rötliches Holz tun würde.

Im Beispiel 3 ist das Orange kräftiger, trotzdem wirkt der Raum ruhig. Woran liegt das? Der helle Teppich ist schlichter. Der neue Couchtisch hat nicht so viele Beine und das große Bild greift noch einmal alle Farben im Raum auf.

Viel braucht es nicht: Zählen Sie einmal nach. Es gibt nur 8-15 Gegenstände in Orange, die aber im Raum gut verteilt sind.

> Grundsätzlich funktionieren Dekorationenn immer in einer ungeraden Zahl am besten. Platzieren Sie in jeder Ecke etwas.

UNSER TIPP

BEISPIEL 4 & 5: DER „NUR EINE FARBE – ABER INTENSIV"-FARBTYP

▶ QUERVERWEIS: Tipps dazu, wie Sie eine Wand am besten streichen, finden Sie in Kapitel 7 ab den Seiten 258.

DAS KÖNNTE IHNEN GEFALLEN:

- Sie haben Ihre Wohlfühlfarbe gefunden und die darf man auch sehen! Wunderbar!

- Welcher Raum hat Ihnen besser gefallen: Beispiel 4 oder Beispiel 5? Warum? War es die orangefarbene Wand im Beispiel 5 oder der Teppich in Beispiel 4? Egal welches der beiden, eines ist klar: Sie haben Mut zur Farbe!

- Sie könnten z.B. das analoge Farbschema anwenden. Das heißt: Sie nutzen Ihre Lieblingsfarbe in allen Schattierungen.

- Ihnen wird sehr wahrscheinlich aber auch das verbundene Farbschema gefallen, indem Sie benachbarte Farben, und hier auch die dunkleren und kräftigen Farbtöne, verwenden.

- Wenn Sie eine Wand in einer Akzentfarbe streichen möchten, schauen Sie sich vorher im Zimmer genau um: Welche Dinge gibt es schon, die einen ähnlichen Ton haben? Um einen echten Wohlfühlraum zu schaffen, nehmen Sie ruhig entsprechende Gegenstände mit zum Farbenhändler – so können Sie anhand einer Farbkarte genau Ihren Ton mischen lassen.

- Das helle Sofa in unserem Beispiel wird vor der farbigen Wand richtig in Szene gesetzt. Der Kontrast bringt beide Farben zum leuchten. Wenn Sie ein dunkles Sofa haben denken Sie daran, dass es Licht schluckt und die farbige Wand ebenso. Wenn Sie einen gemütlichen Raum haben wollen, ist das genau die richtige Kombination. Wenn Sie es allerdings sonniger lieben, sollten Sie die Wand heller streichen.

- Eine große farbige Akzentfläche kann und sollte immer etwas aufgelockert werden, damit sie den Raum nicht zu sehr dominiert. Sie sollten deshalb etwas an die Wand hängen, wie z.B. Bilder, einen Spiegel oder auch Regale. Die Teppichfläche lockern Sie z.B. durch einen Tisch auf, oder auch durch einen Zeitschriftenständer, Korb oder Bodenkissen.

Wenn Sie eine starke Farbfläche wie eine Akzentwand im Raum haben, ist es umso wichtiger, dass Sie für einen farblichen Ausgleich sorgen. Deshalb sollten überall im Raum Kleinigkeiten im selben Farbton wie der Akzentwand vorhanden sein.

UNSER TIPP

BEISPIEL 6 & 7: „GERNE MEHR ALS EINE FARBE!"-FARBTYP

DAS KÖNNTE IHNEN GEFALLEN:

- Ab hier beginnt es bunt zu werden: Sie mögen Farben und es darf auch gerne mehr als eine sein.

- Sie dürfen experimentieren: Mögen Sie es intensiv? Dann könnte das komplementäre Farbschema das Richtige für Sie sein. Wenn Sie bereits eine Farbe im Raum haben, suchen Sie sich im Farbrad die gegenüberliegende Farbe und setzen Sie beide Töne in allen Schattierungen ein.

- Vielleicht ist auch das extravagante Split-Komplementär-Thema nach Ihrem Geschmack? Hier wird die Hauptfarbe mit den benachbarten Komplementärfarben kombiniert. Bei unserem Beispiel ist es Rot-Orange mit Blau und Grün.

- Erlaubt ist natürlich was gefällt, aber wenn Sie das Gefühl haben, die Farbe nimmt überhand, dann setzen Sie neutrale Flächen als Ausgleich ein.

- Generell ist es immer sinnvoll ca. zwei Drittel des Raumes in neutralen Farben zu halten. Sind die Wände weiß oder beige, der Fußboden in Holz oder einem unbunten Teppich – und außerdem die großen Möbel (Sofa, Schränke, Bett, Tisch) ohne Farbe, haben Sie einen guten Rahmen, um Farbe wirken zu lassen und eine Wohlfühlatmosphäre zu schaffen.

- Je mehr Farben eingesetzt werden, umso wichtiger ist es, diese wie ein Zirkusdompteur zu bändigen. Gerade wenn Sie ein Fan von mehreren kräftigen Farben sind, kann es sinnvoll sein, diese zu bündeln: Fassen Sie Gegenstände einer Farbe, oder einer Farbnuance, in eine Gruppe zusammen. Arrangieren Sie zum Beispiel vier bis sechs türkisfarbene Vasen auf einem Schrank, zusammen mit einer in Orange. Dann legen Sie mehrere orangefarbene Kissen auf die Couch und als Highlight ein türkisfarbenes dazu. So werden die Farben zwar gleichmäßig verteilt, aber es entsteht dabei ein ruhiges und zugleich spannendes Bild.

> Am einfachsten sind die Komplimentär- und Split-komplimentär-Farbschemen, wenn klar eine Farbe im Raum dominiert.

UNSER TIPP

BEISPIEL 8 & 9: DER „ICH MAG ES BUNT!"-FARBTYP

DAS KÖNNTE IHNEN GEFALLEN:

- Die Beispiele 8 oder 9 haben Ihnen am besten gefallen? Dann sind Sie der Typ für das verbundene Farbschema. Hier können Sie bis zu fünf Farben harmonisch verknüpfen.

- Bunt ist lebhaft und fröhlich. Wenn Sie bei den intensiven Farben bleiben schaffen Sie einen ausdrucksstarken Raum, der aber trotzdem ausgewogen ist.

- Wollen Sie es nicht ganz so bunt, aber trotzdem vielfältig? Dann wählen Sie einfach Farbtöne, die etwas gesättigt oder aufgehellt sind, aber in etwa alle die gleiche Helligkeit haben.

- Mögen Sie gern farbige Wände? Dann streichen Sie los! Wir empfehlen Ihnen aber, nicht den ganzen Raum in einer kräftigen Farbe zu gestalten, denn daran sehen Sie sich erfahrungsgemäß schnell satt. Zuviel Farbe kann auch ermüdend wirken, denn sie verlangt nach Aufmerksamkeit.

- Streichen Sie am besten eine Wand und verwenden Sie Tagesdecken, Teppiche und Gardinen in Ihren geliebten kräftigen Farben. Und versuchen Sie es dann mit neutralen Möbeln und ein paar lustigen farbigen Kleinigkeiten.

- Spannend ist es, wenn Sie Wände dunkler anlegen und mit einem helleren Ton darauf dekorieren. Normalerweise ist es ja eher umgekehrt: man hat eine weiße Wand und hängt ein farbiges Bild darauf.

- Wenn es bunt sein darf, kann es dann auch etwas individueller sein? Hängen Sie doch nicht einfach ein Bild auf – suchen Sie sich einen Korb, ein Stück Holz, alte Teller und lackieren Sie diese und bringen Sie sie, vielleicht sogar in Gruppen, an die Wand. Sie werden erstaunt sein, was für schöne Effekte dies ergibt – und es kostet kaum etwas.

▶ **QUERVERWEIS:** Mehr Tipps zu Farbkombinationen finden Sie in Kapitel 5 auf den Seiten 213 bis 246.

AUF EINEN BLICK:

| Menschen empfinden Farbe sehr unterschiedlich, aber niemand kann sich der Wirkung von Farbe entziehen.

| Es lohnt sich die eigenen Wohlfühlfarben zu kennen, und deren Wirkung für sich zu nutzen.

| Unsere Wohlfühlfarben sind meistens nicht identisch mit unseren sonstigen Lieblingsfarben.

| Wohnräume gefallen uns besonders dann, wenn die visuelle Stimmung unseren Bedürfnissen entspricht.

| Farbe hilft, unseren Bedürfnissen gerecht zu werden.

| Farbe ist ein Teil unseres persönlichen Lebensstils.

Das Umsetzen in den eigenen 4 Wänden leicht gemacht

3 PRAXISBEISPIELE
für das wahre Leben!

ICH LASSE MICH INSPIRIEREN… EINFACH MAL AUSPROBIEREN!

Woher wissen Sie eigentlich welche Farbe Ihnen gefällt? Vielleicht haben Sie noch nie darüber nachgedacht oder Sie sind bisher lieber „auf Nummer sicher" gegangen und haben sich an Farben wie dunkelblau, braun, grau und schwarz gehalten – Farben, von denen oft gesagt wird, dass man mit ihnen „nichts falsch machen kann".

Oder Sie haben bisher unbewusst einfach Dinge zusammengewürfelt, weil sie Ihnen in einem Moment, z.B. in einem Geschäft, gut gefallen haben, oder nutzen Dinge die „eben da waren".

Bevor Sie neu dekorieren möchten wir Sie einladen, vorher einfach einmal ein paar Tage mit offenen Augen durch Ihr Lebensumfeld zu gehen und bewusst die Farben darin anzusehen. Von welchen Farben fühlen Sie sich angezogen? Welche Dinge gefallen Ihnen? Das können z.B. eine oder mehrere Blumen sein, ein Mantel oder Schal, eine Lieblingstasse, ein Kugelschreiber oder auch ein Zeitschriftentitel oder ein Buchcover. Sehen Sie sich im eigenen Zuhause um, auf der Straße, auf dem Weg zur Arbeit, am Wochenende, beim Bäcker oder auf dem Wochenmarkt, bei Freunden, im Café oder Hotel, aber z.B. auch im Fastfoodrestaurant oder im Büro.

Oder natürlich draußen in der Natur! Dort finden wir die tollsten Farbinspirationen.

Beobachten Sie sich: Gibt es Dinge die Sie anziehen? Und welche Farben haben die?

Sie wissen nicht welche Farbe Sie glücklich macht? Gehen Sie einmal in ein Spezialgeschäft auf Entdeckungsreise. Wo zieht es Sie hin?

Oder gehen Sie in ein (Einrichtungs)Geschäft mit Dekorationen. Welche Farben gefallen Ihnen? Welche zaubern ein Lächeln auf Ihr Gesicht?

Vielleicht fühlen Sie sich sogar so von Dingen wie Stoffen oder Kissen, die Sie sehen, angezogen, dass Sie diese gleich mitnehmen wollen? Ist es die Farbe, die Sie so fasziniert?

Oder sind es auch die Materialien, die glänzen oder sich toll anfühlen?

Oder lassen Sie sich von Cafés, Restaurants und Hotels inspirieren.

Dort werden oft ungewöhnliche Dinge umgesetzt, die uns zuhause vielleicht „gewagt" erscheinen.

Es muss ja nicht gleich eins zu eins umgesetzt werden.

Wenn Sie die Zeit und Lust dazu haben und es einmal richtig testen möchten, gehen Sie am besten in eine Kunstausstellung oder Galerie. Auf welche Bilder gehen Sie gerne und ohne nachzudenken zu? Achten Sie weniger auf die Formen, sondern einfach nur auf die Farben, zu denen Ihr Auge sofort hinwandert. Was empfinden Sie? Welche Gefühle lösen die Farben in Ihnen aus? Kunstgalerien und -ausstellungen eignen sich deshalb sehr gut, weil sie jedem Bild (und damit seinen Farben) viel Platz geben und es in einem sehr neutralen Umfeld für sich wirken lassen.

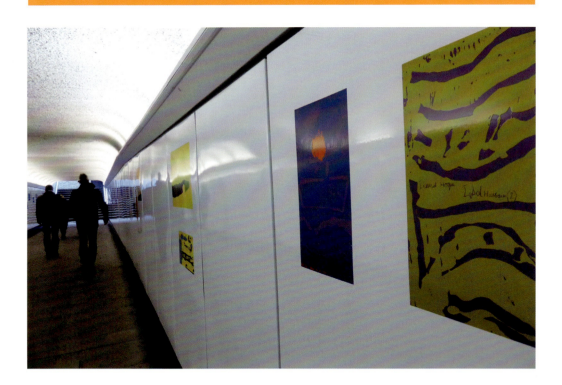

Sie haben keine Lust dazu? Kein Problem, Farbe und Kunst sind überall.

Wie ist es Ihnen ergangen? Welche Farben stimmen Sie fröhlich oder eher schwermütig? Da wir uns der Wirkung von Farben nicht entziehen können, lohnt es sich, wie schon in Kapitel 2 erwähnt, herauszufinden, welche Farben Ihnen ganz persönlich guttun. Es liegt auf der Hand, diese dann auch im eigenen Umfeld, in der Wohnung und auf der Arbeit einzubinden und für sich zu nutzen. Im nächsten Kapitel sehen wir uns dieses Thema etwas genauer an.

AUF EINEN BLICK:

- Zeit für Inspiration ist wichtig, denn sie lässt uns bewusst die Farben finden mit denen wir uns wohlfühlen.

- Wichtig ist, Farben einige Tage bewusst anzusehen und zu erleben, welche Gefühle und Stimmungen sie in uns auslösen.

- Inspirationen finden wir überall: auf der Arbeit, im Café, in einem Geschäft, bei Freunden etc.

- Kunstgalerien oder -ausstellungen sind ein toller Ort, um die Wirkung von Farben auf sich persönlich zu testen.

- Auch Raumausstattungsgeschäfte und spezielle Farbgeschäfte haben große Auswählmöglichkeiten an Farben.

- Die schönsten Farbspiele finden sich in der Natur.

DIE EIGENEN WOHLFÜHLFARBEN FINDEN UND AUSPROBIEREN OHNE (VIEL) GELD AUSZUGEBEN!

Sie waren auf Entdeckungsreise und haben vielleicht schon die eine oder andere neu entdeckte Lieblingsfarbe im Visier? Jetzt wissen wir aber, dass sich Lieblingsfarben z.B. in der Mode nicht unbedingt auf unsere Wohnungen übertragen lassen. Wie können Sie also herausfinden, ob Sie diese Farbe auch Zuhause mögen? Unser Vorschlag: Erstellen Sie eine oder mehrere sogenannte „Vignetten" in einem Raum. Gehen Sie durch Ihr Haus oder Ihre Wohnung und suchen Sie Dinge in der Farbe oder den Farben, die Sie lieben oder die Sie in ihr Wohnumfeld integrieren wollen. Bringen Sie diese Dinge an einem Ort zusammen.

Hier einige Ideen dazu:

Es kann z.B. eine Sammlung von grünen Vasen auf einem Regal, einem Beistelltisch, der Fensterbank oder dem Kamin sein. Und jetzt beobachten Sie sich die nächsten Tage. Wandert Ihr Auge immer wieder an diesen Ort? Oder verliert sich diese Sammlung bedeutungslos im Hintergrund?

Bauen Sie eine kleine Farbinsel um einen Gegenstand und platzieren Sie andere passende Gegenstände dazu. Und dann testen Sie: Stimmt Sie die „Insel" froh? Ist es ein Ort, der Sie anzieht?

Sie haben aber vielleicht Ihre neuen Lieblingsfarben gar nicht im Haus? Dann geht es auch problemlos in Geschäften. Legen Sie einfach einige Dinge, die Ihnen gefallen, zusammen und machen Sie ein Foto, z.B. mit Ihrem Handy. Dann drucken Sie das Foto aus und hängen es vor Ihrem Schreibtisch auf. Gefällt Ihnen immer noch, was Sie dort immer und immer wieder sehen?

Hier suchen wir nach Dingen die zueinander und zum Stil des Zimmers passen. Wiebke hält Ausschau nach Dingen für ein elegantes Wohnzimmer und Iris sucht Accessoires für ein fröhliches Gästezimmer.

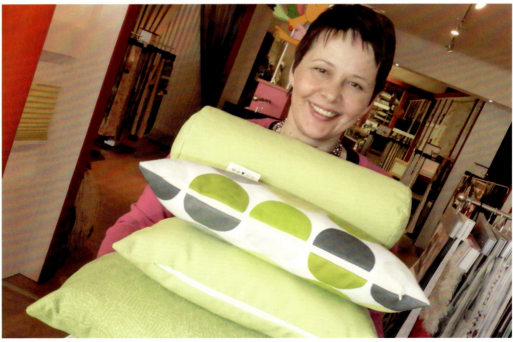

Bevor Sie jetzt direkt anfangen zu kaufen, überlegen Sie was später zueinander passt oder sich ergänzt – und vor allem, in welchem Zimmer es „leben" soll.

UNSER TIPP

Testen Sie die Farbe auf einer größeren Fläche, wie hier mit einer farbigen Schiebetapete. Die ist schnell mit Heftzwecken aufgehängt und Sie erleben ob Sie mehr von der Farbe im Raum wollen. Wenn ja, dann könnten Sie dadurch Lust bekommen z.B. die ganze Wand oder sogar mehrere Wärde in dieser Farbe zu streichen.

Gönnen Sie sich doch einfach ein neues, farbiges Geschirr. Wird die neue Tasse zur Lieblingstasse?

Die Voraussetzung dazu, dass so ein Farbtest funktioniert ist immer, dass alle ungewünschten Farben für den Testzeitraum komplett aus dem Zimmer verschwinden. Nach dem Prinzip: Ein Kirschkuchen hat auch keine Aprikosen mit drauf. Haben Sie jetzt schon Lust bekommen Farbe in Ihr Leben zu bringen, wollen aber noch keine ganzen Räume umgestalten? Wunderbar! Dazu haben wir gleich noch ein paar Ideen.

STÜCK FÜR STÜCK: IDEEN FÜR DEN EINSATZ VON FARBE MIT WENIG ARBEIT!

Streichen Sie ein altes Möbelstück, z.B. einen Stuhl oder eine Kommode.
(Mehr dazu auf den Seiten 264 bis 271)

Wie wäre es mit einer farbigen Bank vor der Haustür als freundliches Willkommen für Ihre Gäste und natürlich auch für Sie selbst?

Oder streichen Sie Ihre Eingangstür oder zumindest den Briefkasten fröhlich bunt.

Wer sich nicht an große Wohnräume traut, der gestaltet z.B. einfach das Gäste-WC um. Das sind kleine Flächen, die schnell gemacht sind und es kostet nicht viel.

Oder wie wäre es mit einer Sammlung von selbst gemachten Bildern an der Wand? Das könnten z.B. Seiten aus Magazinen sein, die Sie in Bilderrahmen legen.

Oder Sie stellen Zuhause einfach eine Kombination von Kissen in Ihren Lieblingsfarben zusammen.

AUF EINEN BLICK:

- Die neuen Lieblingsfarben können meistens mit bereits vorhandenen Dingen erst einmal getestet werden.

- Stellen Sie kleine Sammlungen an Orten wie z.B. der Fensterbank, dem Kamin oder Flur zusammen und beobachten Sie sich, ob Ihr Auge gerne an diesen Ort geht, oder ihn lieber ignoriert.

- Fragen Sie sich, wie Sie sich fühlen wenn Sie Ihre Sammlung betrachten.

- Für komplett neue, nicht in Ihrem Zuhause vorhandene Farben gehen Sie z.B. in ein Raumausstattungsgeschäft oder einen Dekorationsladen und stellen Sie Dinge zusammen, die Ihnen gefallen. Machen Sie ein Foto und hängen dieses dann an Ihrem Arbeitsplatz auf. Gefällt Ihnen was Sie dort immer wieder sehen?

- Farbe kann auch mit wenig Arbeit in Ihr Leben integriert werden, z.B. mit einer farbigen Bank am Eingang, einem farbigen neuen Briefkasten etc.

SCHRITT FÜR SCHRITT: UMSETZEN LEICHT GEMACHT!

Okay, auf geht es! Krempeln Sie die Ärmel hoch... wir beginnen mit der Umsetzung.
In diesem Kapitel finden Sie eine einfache Anleitung, wie Sie Schritt für Schritt zu einem Raum mit Ihrer Wunschfarben kommen.

SIE BRAUCHEN:

einen Post-it Block, einen Farbdrucker, eine Schere, einen Klebestift (z.B. Pritt oder Uhu), einen großen Bogen weißes Papier (mindestens A3 oder gerne auch größer) oder weiße Tapetenrolle (nicht Raufaser).

Wir starten mit dem ersten von 12 Schritten, den wir im vorherigen Kapitel bereits vorbereitet haben:
1. DIE ATMOSPHÄRE! WELCHE STIMMUNG WOLLEN SIE IM RAUM?

Wie das Zimmer genutzt werden soll, wissen Sie wahrscheinlich schon. Jetzt gilt es zu entscheiden, welche Stimmung Sie gerne im Zimmer hätten. Wie soll sich das Zimmer anfühlen? Und natürlich: Welchen Nutzen soll das Zimmer haben? Soll es z.B. ruhig und entspannt für ein Schlafzimmer sein? Oder kommunikativ und belebend für ein Esszimmer? Stilvoll und elegant für ein Wohnzimmer? Oder lieber familienfreundlich und bequem für ein Familienwohnzimmer? Frisch und sauber für ein Badezimmer usw. oder auch z.B. dramatisch, mit einem „Bäng", einem echten Wow-Faktor für ein Wohnzimmer, Schlafzimmer oder auch einen Eingang?

Die Möglichkeiten sind vielfältig, aber hier eine Entscheidung zu treffen ist die Basis dafür, um am Ende den gewünschten Effekt zu erreichen. Wie soll es sich anfühlen im neu gestalteten Raum? Sollten Sie das Zimmer nicht alleine bewohnen, fragen Sie bitte auch alle anderen Nutzer was sie sich wünschen. Am Ende nützt Ihnen kein noch so designtechnisch perfekter Raum, wenn sich nicht alle Bewohner darin wohlfühlen. Wird Ihr Zimmer auch von Besuchern (häufig) genutzt? Wie sollen sich diese Personen fühlen? Schreiben Sie Ihre Notizen auf einen Post-it Zettel.

MINI-CHECKLISTE:
- ✓ Welche Stimmung soll im Raum herrschen?
- ✓ Wer, außer Ihnen, nutzt das Zimmer noch?
- ✓ Welche Dinge möchten diese Personen im Raum haben?
- ✓ Wie sollen sich die anderen Bewohner fühlen, wenn sie sich dort befinden?
- ✓ Wie wird der Raum genutzt?
- ✓ Gibt es mehr als einen Nutzen im Raum?
- ✓ Soll dieser visuell sichtbar gemacht werden?

Nun die nächste wichtige Entscheidung:
2. WELCHE MÖBEL MÜSSEN IM ZIMMER BLEIBEN?

Was ist absolut notwendig und kann nicht ersetzt werden, wie z.B. Sofas und Sessel, ein Bett oder eine Einbauküche etc.?

Fotografieren Sie diese Dinge einzeln und legen Sie die Fotos nebeneinander auf den Tisch. Sind diese Dinge in Farben die Sie lieben? Oder muss das Möbelstück an sich bleiben, könnte aber farblich verändert, z.B. neu bezogen oder umgestrichen werden?

3. WELCHE MÖBEL ODER DEKORATIONEN SOLLEN BLEIBEN?

Was soll bleiben? Hier geht es um Dinge die Ihre Lieblingsstücke sind. Was bereitet Ihnen Freude wenn Sie es sehen? Was ist so bequem, dass Sie nicht darauf verzichten möchten? Was ruft Erinnerungen in Ihnen hervor, die Ihnen lieb und teuer sind? Dies können Lampen, Bilder, Möbel, Dekorationen, Kissen, Gardinen und vieles mehr sein. Wenn es einen besonderen Platz in Ihrem Herzen hat, sollte es bleiben dürfen.

Auch diese Dinge fotografieren Sie jedes einzeln für sich und legen die Fotos nebeneinander in einer zweiten Gruppe auf den Tisch.

4. DER BODEN. WIE SOLL ER AUSSEHEN – ODER WIE SIEHT ER AUS?

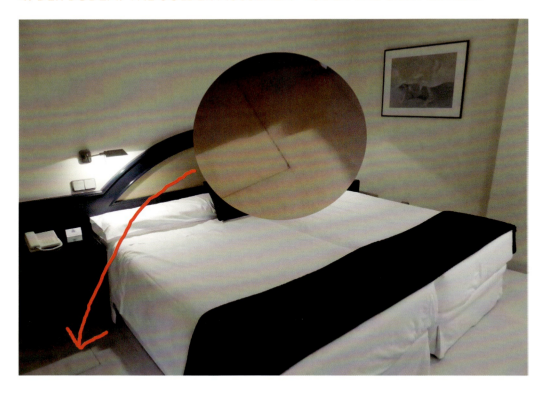

Nach den Wänden ist der Boden, neben der Zimmerdecke, die zweitgrößte Fläche im Raum und es trägt daher enorm zur Wirkung und Gestaltung des Raumes bei.

Wie soll der Boden aussehen? Oder: wie sieht er schon aus? Manchmal ist gerade ein neuer Boden verlegt worden oder sie leben in einer gemieteten Immobilie und dürfen nicht völlig frei den Boden umgestalten.

Auch hier fotografieren Sie wieder ein großes Stück freier Fußbodenfläche oder fotografieren ein Stück vom gewünschten zukünftigen Fußboden.

Suchen Sie ein Bild vom zukünftigen Boden? Gehen Sie in ein Teppichgeschäft oder suchen Sie im Internet danach!

5. ANGRENZENDE RÄUME

Gibt es weitere Räume die offen sichtbar sind? Wie zum Beispiel eine offene Küche, die neben einem Esszimmer, das Sie neu gestalten wollen, deutlich sichtbar ist. Oder ein En-Suite (angeschlossenes) Badezimmer zu Ihrem Schlafzimmer?

Hier sollten Sie entscheiden: Soll dieser Raum mitdekoriert werden? Wenn nicht, machen Sie eine Bestandsaufnahme von den vorhandenen Farben in diesem angrenzenden Raum. Besonders wichtig sind hier die an den Wänden vorhandenen Farben und der Boden.

Fotografieren Sie den angrenzenden Raum und im Besonderen die Dinge, die nicht verändert werden können.

MINI-CHECKLISTE:

✓ Was ist deutlich sichtbar?
✓ Welche Farbe hat es?
✓ Wie ist die Wandfarbe/sind die Wandfarben?
✓ Wie ist die Bodenfarbe?
✓ Wo stoßen die Zimmer aneinander?

6. DER EINFLUSS VON LICHT AUF UNSEREN RAUM

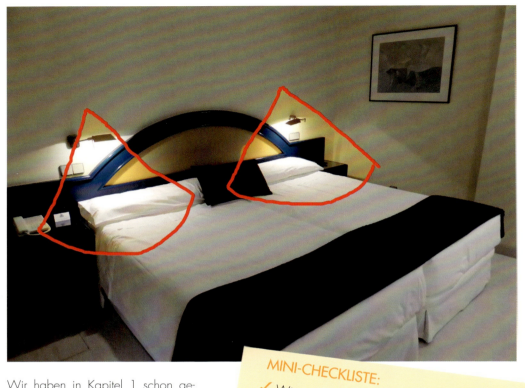

Wir haben in Kapitel 1 schon gelernt, wie enorm wichtig Licht für unser Wohlgefühl ist. Deshalb bitten wir Sie hier, diesen Schritt nicht zu schnell zu überspringen. Nehmen Sie sich Zeit dafür und sehen Sie sich die Lichtverhältnisse in Ihrem Raum ganz genau an. Da das Wetter nicht immer gleich ist, am besten sogar mehrere Tage lang. Mal mit, und mal ohne Sonne. Wie wirkt der Raum wenn es regnet?

MINI-CHECKLISTE:

- ✓ Wie viel natürliches Licht gibt es grundsätzlich: viel oder wenig?
- ✓ Wann scheint die Sonne herein? Wann nicht?
- ✓ Wie viel Licht gibt es zu welcher Tageszeit?
- ✓ Wo fällt das Licht hin und wie wandert es im Raum?
- ✓ Passt das zu meiner Nutzung im Raum?
- ✓ Wann nutzen Sie den Raum?
- ✓ Wann die anderen Bewohner?
- ✓ Überlegen und notieren Sie, welche Funktionen in welchem Teil des Raumes stattfinden werden. (Für Sie eventuell als Meditationsraum, für Andere um dort zu handwerken etc.)
- ✓ Wo stehen welche Möbel?
- ✓ Wo werden Sie welches künstliche Licht benötigen?

Warum das wichtig ist? Weil es die meisten von uns „ins Licht" zieht. Wir sollten also bei der Gestaltung eines Raumes bedenken, wo wir welche Möbel aufstellen. Soll zum Beispiel der Schreibtisch oder die Couch Sonnenlicht bekommen? Und wo soll der Fernseher hin? Fällt ewig die Sonne darauf, werden Sie sich eventuell tagsüber stundenlang mit zugezogenen Gardinen wiederfinden.

Wir haben es schon einmal im Kapitel 1 erwähnt, Licht ist ein so wichtiger Bestandteil für unser Wohlfühlgefühl, dass wir klar empfehlen: Arbeiten Sie mit und nicht gegen vorhandenes Licht, sogar wenn es bedeutet, dass Sie die Funktion zweier oder einiger Zimmer gegeneinander auszutauschen überdenken müssen.

UNSER TIPP

Licht beeinflusst die Wirkung einer Farbe sehr stark. Intensives Licht lässt Farbe erstrahlen, trübes Licht wäscht Farbe aus. Wir müssen also bei der Wahl unserer Farben im Raum beachten, ob unsere Wunschfarbe zum natürlichen Licht passt, oder uns der Raum dann eventuell zu dunkel erscheinen würde – oder im Gegenteil zu hell und bei der gewünschten Funktion „blendet". Zum Beispiel sollte ein heller, mit viel südlichem Licht durchfluteter Büroraum nicht mit intensivem Gelb gestrichen werden, sondern eher mit einer getrübten Farbe.

Fragen Sie sich, ob Ihr Raum vielleicht etwas mehr visuelle Wärme braucht, weil er viel oder sogar nur nördliches Licht hat? Hier wäre dann z.B. ein Taubenblau nicht die richtige Farbwahl. Hierzu mehr bei der Wahl unserer Wandfarbe.

Unsere Recherche ist also enorm wichtig. Notieren Sie alle Antworten zu den Fragen der Checkliste auf einem (großen) Post-it.

▶ QUERVERWEIS: Hierzu mehr in Kapitel 1
„Farbe und Licht" ab Seite 40.

7. HIGHLIGHTS?

Gibt es in Ihrem Raum etwas, das Sie besonders betonen möchten, wie z.B. einen Kamin, eine Stuckdecke oder einen schönen Ausblick? Dann fotografieren Sie das Highlight und notieren Sie ebenfalls auf einem Post-it was Sie betonen möchten und an welcher Stelle im Zimmer es sich befindet.

Gibt es in Ihrem Raum vielleicht eine tolle Aussicht? Dann sollten Sie diese zelebrieren und auf jeden Fall mit in Ihre Farbwahl einbeziehen? Was sieht man? Wiesen oder Meer? Die Dächer der Stadt? Das alles hat eine Art „Grundfarbe", die wir dazu nutzen können die Aussicht visuell hervorzuheben oder nicht. Das was wir sehen, hat eine eigene Farbigkeit, die auch in unseren Raum zurück strahlt.

UNSER TIPP

Hier sind die Fenster nicht verdeckt und die Farbe der Möbel im Raum sind der Farbe der Fenster angeglichen. Sie unterstützen das Fenster und konkurrieren nicht mit dem schönen Ausblick. Ein bunter Strauß Blumen oder eine Kräutersammlung auf dem Tisch, holen die Natur in den Raum und schaffen so eire Verbindung.

8. DAS MOODBOARD: DIE COLLAGE – UND DIE ENTSCHEIDUNG ZU EINEM FARBSCHEMA!

Nun wird es richtig spannend. Bevor Sie sich für eine Wandfarbe entscheiden, bitten wir Sie nun, eine Collage aus all den Fotos zu machen die vor Ihnen liegen. Legen Sie alle Fotos auf einen weißen Untergrund. Was sehen Sie? Ist es ein buntes Durcheinander? Oder stechen schon einige Farben oder eine Farbgruppe ins Auge?

Sind dies die Farben, die Sie sich für Ihren Raum wünschen?
Wenn nicht, dann gruppieren Sie bitte alle Fotos mit Farben die Ihnen gefallen auf die rechte Seite und alle Fotos mit Farben die Ihnen nicht gefallen auf die linke Seite.

Was ist auf der linken Seite? Können diese Dinge andersfarbig gestrichen werden oder mit einem neuen Bezug zum Einsatz kommen? Oder wären diese Dinge auch in einem anderen Raum schön?

Für einen harmonisch gestalteten Raum ist es sehr wichtig, dass alle Artikel verschwinden, die nicht in das zukünftige Farbschema passen.

Jetzt gibt es ja eventuell Dinge, wie z.B. die Einbauküche oder den Teppichboden in der Mietwohnung, die nicht von uns ausgetauscht werden können oder dürfen. Legen Sie alle Fotos mit Dingen die farblich nicht verändert werden können in die Mitte.

9. AUSWAHL UNSERES FARBSCHEMAS.

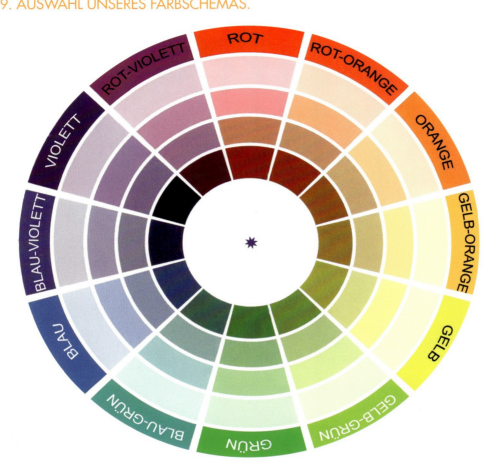

Im nächsten Schritt kommt das schon aus Kapitel 1 bekannte Farbrad zum Einsatz. Wir haben Ihnen in Kapitel 1 (ab Seite 10) erklärt, wie Farben von Designern üblicherweise zusammengestellt werden. Diese Regeln verleihen Ihnen die Grundlage um ein harmonisches Farbschema auszuwählen.

Nun sehen Sie sich wieder Ihre Collage an. Was sehen Sie? Farben aus einer Gruppe die auf dem Farbrad nebeneinander liegen? Vielleicht sogar fast nur Dinge die alle von einer Farbe abstammen – aber in unterschiedlichen Schattierungen und Helligkeiten erscheinen? Oder sind es Farben die sich gegenüber liegen?

Fangen Sie jetzt an Ihre Fotos einem der in Kapitel 1 beschriebenen Farbschemen (-regeln) zuzuordnen. Beginnen Sie zunächst nur mit den Fotos der Dinge, die nicht verändert werden können.

Finden Sie hier ein Farbschema? Oder haben Sie Glück und es gibt keine oder nur eine einzige Sache die nicht verändert werden kann? Dann haben Sie freie Auswahl bei den Farbschemen. Bleiben mehrere Farben, suchen Sie sich das Farbschema heraus, bei dem Sie die unveränderlichen Farben unterbringen können. Haben Sie ein Farbschema gefunden? Dann schreiben Sie alle Möglichkeiten auf.

Jetzt fügen Sie nach und nach die Dinge hinzu, die Sie im Raum behalten möchten. Eventuell verändert sich jetzt Ihr Farbschema und am Ende bleibt nur noch eine Möglichkeit übrig. Wenn es hier etwas gibt, das sich absolut nicht ins Farbschema einfügen lässt, dann kommen wir wieder auf die Frage von vorher zurück: Muss es unbedingt in diesem Raum bleiben? Oder wäre es auch in einem anderen Raum schön? Oder lässt es sich farblich durch z.B. Streichen oder einen neuen Bezug integrieren?

„Omas" Essecke sollte frischer und jünger werden: die Blümchentapete haben wir beige überstrichen, die Holzverkleidung weiß lackiert und sogar den Tisch und ein Teil von der Eckbank wiederverwendet – allerdings ohne die alten Polster. Frische Farben ergänzen den verbleibenden Holzton und tauchen in kleinen Dosierungen auf.

▶ **QUERVERWEIS:** Wie man vorhandene Dinge am besten integriert und viele Beispiele zu einzelnen Zimmerkategorien und Problemen lesen Sie in Kapitel 4: Das Arbeiten mit vorhandenen Dingen, ab Seite 201.

10. DIE WANDFARBE – HINTERGRUND ODER DRAMA?

Im nächsten Schritt kommen wir jetzt zur Wahl der Wandfarbe. Hier ist wieder vorrangig entscheidend welche Stimmung Sie erzeugen wollen – und natürlich wissen Sie jetzt auch, welche Farben Sie lieben.

Sollten Sie einen angrenzenden Raum haben, der visuell offen mit diesem Raum verbunden ist, sollte dieser immer mit einbezogen werden. Wollen Sie hier eine klare Abgrenzung schaffen, wählen Sie einen anderen Wandfarbton oder sogar eine andere Wandfarbe. Wir empfehlen Ihnen, in der selben Farbfamilie zu bleiben oder einen Farbnachbarn vom Farbkreis zu wählen, die gleiche Farbe in einer anderen Helligkeit, oder eine neutrale Farbe zu wählen. Suchen Sie nach Großzügigkeit? Beziehen Sie einen angrenzenden Raum farblich mit ein.

Nicht nur die gleiche Wandfarbe, auch die gleiche Gestaltung, wie Kissen und Bilder ziehen die Räume optisch zusammen.

Möchten Sie, dass die Räume ineinander fliessen, z.B. um beide Räume dadurch größer wirken zu lassen? Dann empfehlen wir die Wandfarbe einheitlich zu gestalten.

▶ QUERVERWEIS: Finden Sie, dass Ihr Raum eine nicht optimale Form hat? Dann lesen Sie jetzt das Kapitel 4 „Spezielle Herausforderungen" ab Seite 194.

Lieben Sie es dramatisch? Dann wählen Sie eine Wandfarbe, die eine in Ihrer Collage (oder im Raum) schon vorhandene Farbe noch weiter intensiviert. Es sollte z.B. eine der Farben sein, die bereits als Möbel, Bodenfarbe oder Deko vorhanden ist. Generell gilt: je intensiver die Farbe, je dramatischer der Effekt. Auch dunkle Wände können sehr dramatisch sein.

Je mehr Fläche die Farbe bekommt, je mehr intensiviert sie sich. Hier gilt also wieder zu entscheiden, ob nur eine Wand oder alle Wände in der Farbe gestrichen werden sollen. Auch größere Möbelstücke können die Farbe wieder aufnehmen.

Generell gilt: Mehr als zwei intensiv farbige Wände lassen einen Raum kleiner und beengter wirken.

Oder Sie kreieren Wände mit dem Wow-Effekt durch Tapeten.

Es gibt eine riesige Auswahl an Mustertapeten: Von Blumen und grafischen Mustern über Tierdarstellungen, bis hin zu bunten Collagen und dem Blick ins Weltall. Viele Designs drängen sich sehr in den Vordergrund. Wenn Sie es nicht so exzentrisch mögen, dann kombinieren Sie einfach etwas zurückhaltende Möbel dazu.

Hätten Sie gerne einen visuell ruhigeren Raum? Dann wählen Sie eine Wandfarbe die neutral wirkt. Das wären in diesem Fall alle im Farbschema vorhandenen Farben, immer aber in ganz blassen Farbtönen, wie z.B. einem blassen Grün. Einige Wandfarben wirken fast immer beruhigend, wie z.B. Creme- und helle Sandtöne.

UND WAS IST MIT WEISSEN WÄNDEN? Weiß ist ein Chamäleon: Weiß als Wandhintergrund lässt die vorhandenen Farben leuchten. Damit eignet es sich für alle Typen von Räumen: fröhliche mit vielen farbigen Accessoires, für elegante mit nur wenig Farbe, oder auch für zurückhaltende.

Es gibt verschiedene Apps für Smartphones die Ihnen bei der Wirkung helfen können. Fotografieren Sie Ihren Raum und spielen Sie auf ihrem Tablett-Computer.

Zwei Tipps zum besseren Visualisieren der Wirkung einer Farbe:
Wenn Sie eine Wandfarbe gefunden haben, können Sie weiter testen. Holen Sie sich eine kleine Testmenge aus Ihrem Farbengeschäft oder Baumarkt. Fragen Sie gezielt danach. Es gibt Testmengen mittlerweile mehr und mehr zu kaufen.

1. Nehmen Sie eine große Papierbox und kleben Sie diese innen mit weißem Papier aus. Streichen Sie die Box innen an und erleben Sie als 3D-Effekt wie die Farbe im Raum wirkt.
2. Oder kaufen Sie eine Rolle mit weißer Tapete. Schneiden Sie hier einige lange Stücke ab. Je länger, je besser. (Die Länge ihres Ess- oder Schreibtisches ist oft passend.) Streichen Sie die Streifen mit Ihrer Testfarbe. Wenn die Farbe getrocknet ist, hängen Sie diese mit Stecknadeln oder Heftzwecken an die Wände, die damit gestrichen werden sollen.

Und vergessen Sie nicht: Farbe verändert durch das wechselnde Licht die Wirkung im Laufe des Tages. Betrachten Sie Ihre Farbbox oder Ihre Teststreifen bewusst an den verschiedenen Tageszeiten. Fragen Sie sich: Zu welchen Stunden wird der Raum am meisten genutzt? Wie wirkt meine Wandfarbe dann? Genau wie ich es mir vorgestellt habe? Oder könnte sie etwas heller oder dunkler sein? Die Geduld die Sie für diesen Test aufbringen, zahlt sich später vielleicht sogar täglich aus.

11. DIE FENSTERBEKLEIDUNG:

Nun sind Sie schon sehr weit gekommen. Bei der Fensterbekleidung ist die Auswahl riesig. Von Gardinen aus leichten, sehr lichtdurchlässigen Stoffen bis zu schweren formalen Vorhängen, die einen bestimmten Einrichtungsstil hervorheben und von den verschiedensten Formen an Rollos, Jalousien, Schiebegardinen bis hin zu speziell angefertigten Fensterläden aus Holz. Vieles ist eine Entscheidung des persönlichen Geschmackes. Einiges gibt es aber auch hier zu beachten.

Als erstes gilt zu bedenken:
Welchen Zweck soll oder muss die Fensterbekleidung erfüllen?

CHECKLISTE:

- Dient sie lediglich dazu, ein wenig Privatsphäre zu schaffen, oder soll sie den Raum, z.B. für ein Schlafzimmer oder ein TV-/Computerzimmer, auch komplett abdunkeln können?

- Soll sie „nur" Atmosphäre schaffen oder baruchen Sie dicke Stoffe, die nicht nur optisch Behaglichkeit verbreiten, sondern auch die Kälte draußen halten?

- Wollen sie eventuell eine schönen Ausblick zum Mittelpunkt des Raumes hervorheben?

- Soll die Fensterbekleidung von einem nicht so schönen Ausblick ablenken? Wird sie den ganzen Tag das Fenster verhängen?

- Brauchen Sie eventuell mehr als eine (Art von) Fensterbekleidung?

- Muss diese auch bestimmte Qualitäten haben. Z.B. sollte ein Stoff im Badezimmer die Luftfeuchtigkeit aushalten können und sich gut reinigen lassen.

Was ist nun aber die richtige Farbe? Die Auswahl bestimmen Sie durch das Abwägen von der Funktion und der Stimmung die diese schaffen soll.

Wieder vereinfacht gesagt:

CHECKLISTE:

Soll eine Fensterbekleidung leicht sein und viel Licht durchlassen, dann empfehlen wir helle Farben und leichte Stoffe.

Soll diese einen Ausblick rahmen, dann eignen sich Farben gut, die einen Kontrast zur Wandfarbe und eventuell zum Fensterrahmen bilden.

Soll diese die im Raum verwendete Farbe unterstützen und intensivieren oder gar einen dramatischen Effekt verstärken? Dann nehmen Sie eine starke, im Raum vorhandene Farbe.

Soll diese visuell wenig Raum einnehmen?
Dann verwenden Sie leichte Stoffe, ein Rollo oder eine Jalousie in der Wandfarbe.

Wenn Sie einen schönen Ausblick haben, dann verdecken Sie ihn nicht mit Fensterbekleidung. Verwenden Sie vor den Fenstern gar keine Gardinen und passen Sie die Fensterbekleidung der Wandfarbe an, so dass diese die Fenster und den Ausblick lediglich einrahmen wie ein Bilderrahmen.

Hier wurde ein dickerer Stoff verwendet, der das Schlafzimmer sowohl im Sommer ausreichend abdunkelt, als auch im Winter zu großen Wärmeverlust bei den bodentiefen Türen verhindert. Die Farbe wiederholt sich im Kopfteil und dem Teppichboden sowie in einigen der Kissen auf dem Bett. Sie ist aber dunkler als die Wandfarbe und rahmt damit auch den Ausblick ein.

Auch Vorhänge mit praktischem Nutzen können ein Blickfang sein

UNSER TIPP

Gemusterte Schiebegardinen, z.B. vor bodentiefen Türen oder Fenstern, sind ein toller Hintergrund für eine Sitzgruppe. Sie sind ein Blickfang und bringen Leben in den Raum.

Die quergestreiften Schiebegardinen lassen den schmalen Raum breiter wirken als eine einfache Gardine, die die Vertikale betont.

12. ALLES ZUSAMMENFÜGEN: DER GESAMTE RAUM

Mehr und mehr Puzzleteile liegen nun vor Ihnen. Freuen Sie sich, denn es ist an der Zeit alles zusammen zu bringen. Sie haben festgehalten, welche Dinge im Raum bleiben sollen und müssen, welche Farben Sie für die Wände und Böden wollen, nun bleibt festzustellen was noch fehlt:
Hurra, dürfen Sie nun shoppen? Noch nicht ganz...
Wir schlagen vor, dass Sie nun erst einmal zur Tat schreiten. Streichen Sie, legen Sie die Böden aus etc. und platzieren Sie alles was schon vorhanden ist. Nutzen Sie den Raum. Leben Sie ein paar Tage oder sogar Wochen damit. Stellen Sie fest, was noch zu Ihrem Glück im „perfektem Raum" fehlt:

Steht alles an einem Ort an dem Sie sich damit wohlfühlen? Oder vermissen Sie etwas? Wenn es sich noch nicht völlig gelungen anfühlt, überdenken Sie mutig Ihr Konzept. Stellen Sie die Möbel um und testen Sie, wie sich diese an einem anderen Ort anfühlen.

Fragen Sie sich auch: „Habe ich den ganzen Raum genutzt?"

Ist zu viel oder noch zu wenig im Raum?

Versprühen Ihre Wohlfühlfarben schon so viel Magie, dass Sie sich gut fühlen oder dominiert eine Farbe bzw. fehlt noch eine oder sogar noch weitere Farben, um einen Ausgleich zur gewünschten Stimmung zu schaffen?

Fehlt z.B. noch Licht? Wo brauchen Sie noch eine Lampe? Und wie soll die aussehen? Soll sie nach oben strahlen oder nach unten? Oder den ganzen Raum erhellen? Welche Farbe soll sie haben? Welches Material? Welche Größe?

Wo fehlt noch der Kuschel-Wohlfühleffekt? Wo könnten Sie noch einige Kissen, Decken oder Teppiche gebrauchen? Sollen diese eher flach oder langflorig sein? Große oder kleine Kissen? Und welche Form?

Wo fehlt noch ein Beistelltischchen? Oder ein Hocker? Wie groß sollen diese idealerweise sein? Welches Material sollten sie haben?

Nun gehen Sie durch Ihr Haus: gibt es diese Dinge eventuell schon? Stehen Sie irgendwo herum und werden dort nicht genutzt? Oder könnte an diesem Ort ein anderes Teil sinnvoller sein?

DER PLAN VERVOLLSTÄNDIGT SICH. KOMMEN WIR ZU LETZTEN DETAILS.

Beginnen wir mit drei „goldenen" Regeln die fast immer funktionieren:

1. DIE 60-30-10 REGEL!

Diese Regel hilft dabei zu entscheiden, welche Teile im Raum welche Farben haben sollten. Sie besagt, dass 60% aller Elemente im Raum (meistens die Wände und der Boden) eine neutrale Farbe haben sollten, 30% aller Elemente, z.B. die Dekorationen wie Lampenschirme, Gardinen, Tagesdecken und Möbel können eine kräftigere – häufig dunklere – Farbe haben (das sind z.B ein Holzboden oder Teppich und auch große Möbel) und 10% der Elemente (egal welche) können in einer knalligen Akzentfarbe sein, z.B. ein Sessel, Dekorationen oder ein Teppich.

2. MUSTERMIX: SO GELINGT ER!

Verschiedene Muster bringen Sie am leichtesten harmonisch zusammen, indem Sie diese beiden Regeln befolgen:
1. Die Muster müssen mindestens eine gemeinsame Farbe haben.
2. Große Muster werden mit mittleren Mustern gemischt – mittlere Muster mit kleinen Mustern – nie aber große Muster mit kleinen Mustern. Die Ausnahme ist, wenn es die gleiche Musterfamilie ist, wie z.B. Blumen mit Blumen, oder Streifen mit Streifen.

> Benutzen Sie Lieblingsdinge um einen extravaganten Blickfang im Raum zu schaffen.

3. WOW-EFFEKT GEWÜNSCHT?

Bringen Sie Ihre Persönlichkeit in den Raum! Einen Wow-Effekt bekommen Sie, indem Sie den Regeln folgen um diese dann mit etwas Überraschendem zu brechen: Gab es z.B. einen Sessel oder eine Lampe, die so gar nicht in die hier aufgeführten Regeln gepasst hat – Sie dieses Teil aber sehr lieben? Dann stellen Sie das Lieblingsteil in den Raum und sehen Sie was passiert! Machen Sie das Lieblingsteil zum Blickpunkt! Vielleicht hat sich gerade dadurch der Raum in Ihren neuen Lieblingsraum verwandelt. Oder probieren Sie es mit einem Teppich in einer knalligen Farbe, wenn ansonsten alle anderen Farben gedämpft sind. Andere mögliche Teile sind z.B. Kisten, Spiegel, Musikinstrumente, Vasen, Bodenkissen etc.

ENDLICH... EINZIEHEN!

Wenn Sie jetzt wirklich shoppen müssen und wollen, tun Sie es.
Unser Tipp hierzu: Schreiben Sie so detailliert wie möglich für jedes Teil die Eigenschaften auf, die es erfüllen sollte. Welche Größe, Form, Material und Farbe soll es haben? Notieren Sie auch wie intensiv die Farbe sein soll und ob eventuell mehrere Farben in Frage kommen. Überlegen Sie, wo Sie diese Dinge finden? Auf dem Flohmarkt oder in einem Designergeschäft? Vielleicht stellen Sie es doch selbst her, aus etwas was Sie schon haben. Wir wünschen Ihnen in jedem Fall viel Spaß.

ZU GUTER LETZT:

Machen Sie keine Kompromisse! Hier geht es darum, dass Sie und Ihre Liebsten sich wohlfühlen und in Ihren Räumen feiern, arbeiten, entspannen oder neue Energie tanken. Die Engländer sagen „My home is my castle." Unser Zuhause ist etwas sehr persönliches. Hier fühlen wir uns sicher, hier wollen wir leben wie wir sind – ohne Kompromisse und ohne uns zu verstecken.

Farbe ist immer sehr persönlich. Am Ende zählt nur was Ihnen gefällt. Vertrauen Sie Ihrem Instinkt! Mehr Anregungen und Tipps finden Sie im nächsten Kapitel. Viel Spaß.

Muster können ideal in Dekorationen wie Kissen, Tischläufer oder Bettwäsche erst einmal getestet werden. So sind sie schnell wieder ausgetauscht, wenn sie nicht mehr gefallen.

AUF EINEN BLICK:

| Um einen farblich gelungenen Raum zu gestalten, ist es absolut unerlässlich vor Beginn der Arbeit Informationen zusammenzutragen, z.B.:

| Welche Stimmung wollen wir erzeugen?

| Welche Personen werden den Raum nutzen, und wann tun sie es?

| Welche Dinge müssen im Raum bleiben?

| Welche Dinge möchten wir im Raum behalten?

| Wie ist der Boden beschaffen?

| Gibt es angrenzende Räume die wir mit einbeziehen wollen?

| Wie viel natürliches Licht gibt es im Raum, und wann ist es wo intensiv? Wie viel künstliches Licht brauchen wir, und für welchen Zweck?

| Gibt es architektonische Highlights im Raum oder eine Stelle die wir besonders betonen wollen?

| Welches Farbschema möchten wir anwenden?

| Möchten wir Akzentwände?

| Welche Fensterbekleidung möchten und brauchen wir?

FARBTRENDS IM WOHNBEREICH

TRENDS? ABER GERNE!

Trends im Wohnbereich, besonders auch bei Farben, kommen häufig aus der Modewelt. Inspiriert von den Farben auf dem Catwalk entwerfen Designer Kissen, Fensterbehänge und Accessoires sowie auch Möbelstücke in Trendfarben. Etwas später kommen diese dann in die Wohnzeitschriften, Dekoläden, auf Tapeten und als Farben zum mischen in den Fachhandel und Baumarkt.

Oftmals fühlen wir uns von aktuellen Trends angesprochen, denn sie beschreiben häufig ein momentanes Lebensgefühl. Ein „hier und jetzt". Denken Sie nur an die „poppigen 1960er und 1970er Jahre", mit knalligem Orange und wilden Mustern.

Oder an die blauen Teppichböden der 1980er Jahre oder die Terrakottaflut aus den 1990ern. Das Italiengefühl sollte nach Deutschland gebracht werden. Insbesondere in Norddeutschland entstanden viele toskanische Villen.

Früherer Trend: Illusionsmalereien „Trompe-l'œil".

Heutiger Trend: zurückhaltend und minimalistisch.

Sollten Sie neue Trends im Wohnbereich umsetzen? Oder kann es sein, dass Sie diese in einigen Monaten nicht mehr mögen und sehen können? Schließlich ändern sich die Zeiten. Das macht nichts. Wir empfehlen: Wenn es Ihnen gefällt und Sie die Farben des Trends lieben, dann leben Sie im Hier und Jetzt und genießen Sie den Moment. Leben Sie Ihren Trend einfach aus.

In diesem Kapitel zeigen wir Ihnen Tipps, wie Sie Trendfarben einsetzen können und das ohne große Kosten – falls Sie kurze Zeit später einen anderen Trend bevorzugen.

Probieren Sie Trends zunächst in kleineren Wohnbereichen, wie im Eingangsbereich, dem Flur oder als farbig gestrichene Haustür oder Garagentor. Streichen Sie nur eine Wand im Raum – oder genießen Sie die modischen Trendfarben einfach als Dekorationen wie Kissen, Decken, Vasen, Kerzen, Lampen, Fensterbekleidung, einem losen Teppich, Sessel, einem Beistell- oder Couchtisch. Vorsichtige können die Wirkung der Farbe auf sich auch erst einmal mit einigen großen Blumensträußen testen. Verteilen Sie mindestens drei große Sträuße im Raum und testen Sie wie viel von der Trendfarbe sie wünschen. Vielleicht muss nicht gleich der ganze Raum umgestaltet werden, sondern es reichen auch wenige kleine Teile.

CHECKLISTE

Kaufen oder belassen Sie Basisteile wie den Boden und teure Möbelstücke – Sofa, Bett oder den Esstisch – in neutralen Farben. Grau, Beige, Braun, Taupe, Sand oder Weiß sind sehr gute Grundlagen.

Setzen Sie den Trend in den Dekorationen um, wie z.B. Vasen, Bilderrahmen, Kissen, Decken, Lampen.

Verteilen Sie zunächst nur einige leicht zu wechselnde Dinge wie eine schöne Wolldecke, einige Kissen oder eine Vase. Wie wirkt der Raum auf Sie? Reicht es oder darf es noch ein wenig mehr sein?

Falls es eine zweite Farbe gibt, entscheiden Sie: Soll das Stück visuell herausragen, dann sollte es der einzige Farbpunkt im Raum sein? Wenn Sie wollen, dass sich die Farbe in den Raum einfügt und ihn visuell nicht bestimmt, dann sollte sich die Farbe mindestens in drei Teilen im Raum wiederholen.

Die Hauptsache ist wie immer: Erlaubt ist was Ihnen gefällt. Gerade die individuellen Interpretationen machen ihren ganz persönlichen Charme aus.

EINIGE TRENDBEISPIELE DER LETZTEN JAHRE BEI FARBEN SIND Z.B.:

Pastelltöne

Orange und Grau

Türkis, Blau und Taupe

Magenta

Neutrale Farben kombiniert mit Metallen wie Chrom, Silber, Kupfer, Gold

Pastellrosa und Taupe

„Colour blocking" – das Dekorieren mit großen Farbflächen (Blöcken)

Kaufen Sie Kupferfarbspray im Baumarkt und machen Sie so Ihre eigenen farblich trendigen Bilder oder sprühen Sie z.B. alte Vasen oder Kerzenhalter damit ein.

UNSER TIPP

Shabby chic –
Alte originale Dekoration

Auch Weihnachten ist Trends unterlegen

Minimalistisch cool

Trend: Botschaften an der Wand und Wandtattoos

AUF EINEN BLICK:

| Trends drücken ein momentanes Lebensgefühl aus: ein hier und jetzt.

| Sie sind häufig kurzlebig.

| Daher ist es besser, teure Anschaffungen trendunabhängig zu kaufen.

| Farbtrends sind einfach mit Dekorationen umzusetzen. Diese lassen sich schnell, einfach und kostengünstig w eder verändern.

| Trends machen Spaß und wenn Sie gefallen, sollten sie ausgelebt werden.

| Beim Farbmix mit Trends helfen die Farbregeln diese erfolgreich einzusetzen.

UNTERSCHIEDLICHE WOHNFARBEN FÜR VERSCHIEDENE JAHRESZEITEN?

Macht das Sinn? Wir sind ganz klar der Meinung: Ja! Unbedingt sogar!

Und das aus verschiedenen Gründen: Einmal macht es uns Spaß, das Haus im Sommer und Winter mit unterschiedlichen Akzentfarben einzurichten, denn im Sommer fühlen wir uns immer etwas fröhlicher und leichter und möchten dies auch in unserem eigenen Umfeld ausdrücken. Im Winter sehnen wir uns nach mehr Ruhe, Wärme und Geborgenheit und wünschen uns schlicht weg andere Wohlfühlfarben. Obendrein haben wir in den unterschiedlichen Jahreszeiten das Bedürfnis nicht nur nach anderen Farben, sondern auch nach unterschiedlichen Materialien.

Natürlich meinen wir hier nicht, dass Sie zweimal im Jahr die Räume umstreichen sollen. In diesem Kapitel zeigen wir Ihnen, wie Sie einfach und mit wenig Arbeit Ihre Wohnräume den Jahreszeiten anpassen und damit Ihr Wohlfühlgefühl darin noch mehr steigern können.

WELCHE FARBEN PASSEN GUT ZU WELCHEN JAHRESZEITEN?

Grundsätzlich gilt: Warme Farben für den Winter, kalte Farben für den Sommer.

Kaminfeuer und Rot – genau das richtige für die kalte Jahreszeit!

Superfrisch: Türkis – da spürt man förmlich die Meeresbrise.

Wir haben ja schon gelernt, dass wir Farbe in einem Raum als entweder aufwärmend oder abkühlend empfinden. ▶ **QUERVERWEIS:** hierzu mehr in Kapitel 1 ab Seite 10

Dieses Wissen können wir nutzen, indem wir einen Raum im Sommer mit bestimmten Farben visuell kühlen oder eben im Winter wärmen. Es kommt wie immer darauf an, welchen Effekt wir in welchem Raum erzeugen möchten.

Die Natur hilft uns und gibt uns hier einige Faustregeln vor:

1. Ein feuerroter Sonnenuntergang wärmt unsere Räume optisch im Winter.

2. Die Farben einer Schneelandschaft mit strahlend blauem Himmel kühlen optisch die Räume im Sommer.

3. Den Frühling mit seinen Osterglocken, Frühlingsveilchen, ersten frischen grünen Zweigen holen wir uns gerne ins Haus.

4. Das Feuerwerk an Farben des Herbstes mit den letzten Gelb-, Orange-, Rottönen oder den Farben von Kürbissen, Nüssen und letzten Grüntönen, läuten die kalte Jahreszeit mit warmen Farben ein.

Falls auch Sie die Idee spannend finden und jetzt Lust bekommen haben, den Jahreszeiten angepasst immer mal wieder neu zu dekorieren, finden Sie hier einige Vorschläge:

SOMMERFARBEN ZUM WOHLFÜHLEN:

SOMMERFARBEN:

Ideale Sommerfarben sind Farben wie Gelb, fröhliche Pastelltöne, z.B. Eiscremefarben und natürlich die Farben des Meeres, wie Türkis, Apricot, Pistazie, Hellblau.

Sommerfarben mischt man am besten mit reinem Weiß. Sogar warme Farben wie Orange wirken in dieser Kombination frisch und sommerlich. Verwenden Sie im Sommer für ein frisches Gefühl viel Chrom, Silber und Glas. Auch Naturmaterialien wie Sisal, Seegras und Rattan bringen den Sommer ins Haus.

Wie wäre es mit Sommergardinen? Toll frisch wirken z.B. diese weiß-grauen Streifen.

Im Schlafzimmer sind jetzt sommerliche Tagesdecken, Kissen und Bettwäsche aus glatten, kühlen Materialien wie Baumwolle oder Leinen willkommen.

Sie wollen nicht so viel Arbeit? Dann bringen Sie den Sommer einfach in ein Zimmer z.B. die Küche oder das Badezimmer. Gerade Bäder eignen sich hervorragend zum schnellen und kostengünstigen Umdekorieren.

Oder bringen Sie den Sommer mit Blumen ins Haus. Gladiolen, Sonnenblumen, Flieder, Lavendel, Hortensien, Margeriten etc. Je mehr, je besser. Es blüht in Gärten und auf Balkonen rundherum. Ganz besonders auch auf den Feldern. Als Vasen eignen sich jetzt auch Gläser und Karaffen jeder Größe und Form. Mischen Sie einfach alles zusammen, so wie es Ihnen Spaß macht.

Bringen Sie Sommergefühl und Sommerfarben in Ihre Küche mit dem köstlichen frischen Obst und den Kräutern, die es jetzt kostengünstig saisonal überall gibt.

Auch ein fröhlich gemustertes Geschirr in den Sommerfarben bringt Ihnen diese wunderbare Jahreszeit ins Haus.

UNSERE BEISPIELE VON SOMMERRÄUMEN UND SOMMERGEFÜHL DURCH FARBEN UND MATERIALIEN

B au-weiße Streifen bringen hier ein Sommergefühl.

Rattan und Sisal kombiniert mit viel Weiß sind hier für das Sommergefühl verantwortlich.

Gelb ist herrlich sommerlich und sollte die Sonne einmal nicht scheinen, bringt Gelb das Sommergefühl auch bei Regen direkt ins Haus. Bei unserem Beispiel ist es der Sofabezug der im Sommer gewechselt wird.

Chrom und Glas bringen sommerliche Kühle ins Haus.

Wie wäre es jetzt mit einem Sisalteppich und der Wollteppich kommt wieder im Herbst zurück ins Wohnzimmer? Oder der Teppich verschwindet im Sommer ganz einfach.

Tolle Naturdeko!

Bettwäsche und Tagesdecken aus sommerlichen Materialien.

Sommergardinen: fröhlich und je leichter, je besser.

Sommerliche Bäder sind schnell gestaltet.

WINTERFARBEN UND -MATERIALIEN

Im Winter fühlen sich die meisten Menschen mit warmen Farbtönen wohl. Es darf daher im Winter gerne bei den Farben kräftiger und dunkler werden. Farben sind nun weniger strahlend, sondern eher gedämpfter, z.B. Rottöne verbreiten jetzt Wärme.

Den Wohlfühleffekt bringen vor allem aber auch kuschelige Materialien bei den Dekorationen, Gardinen und Teppichen: Wolle, Filz, Fellimitationen, Samt etc. bringen Behaglichkeit und Wärme in Ihr Zuhause.

WINTERFARBEN ZUM WOHLFÜHLEN:

Ideale Winterfarben sind Farbtöne wie Rot, gedämpftes Orange, kräftiges Violett, gedämpftes Violett und Grün, Beige, Braun, Grau, Creme, Gold, Kupfer und Sandtöne und alle Varianten von Taupe.

Vermeiden Sie jetzt reines Weiß und bevorzugen Sie Cremetöne und gebrochenes Weiß. Sie wirken bei dem weniger intensiven Winterlicht angenehmer. Reines Weiß kann jetzt leicht gräulich und kalt wirken.

Im Winter wirken diese Farben besonders schön als gedämpfte Farben.

Kombinieren Sie Ihre Winterfarben mit viel Holz, Strick- und Naturmaterialien.

Auch im Winter können Sie Chrom, Silber und Glas verwenden. Sie reflektieren Licht und machen aus dem wenigen Winterlicht das meiste. Achten Sie aber darauf, dass der kühlende Effekt immer durch warme Farben und Materialien ausgeglichen wird.

Bringen Sie jetzt Materialien wie Wolle, Filz, Samt, Felle großzügig überall ins Haus. Es dürfen auch gerne eine Decke oder ein Kissen mehr sein.

Möchten Sie eine kalte Farbe wie Blau auch im Winter verwenden, dann ist es am besten diese als gedämpfte Farbe einzusetzen und sie mit einer warmen oder neutralen Farbe visuell aufzuwärmen.

Bringen Sie Ihre Wollteppiche aus cem Sommerlager zurück. Die Garcinen dürfen jetzt wieder aus schwereren Materialien und in dunkleren Farben als im Sommer sein. Dimmen Sie das Licht und verteilen Sie Kerzen. Viele Kerzen auf einem Teller sind viel effektiver, als nur eine Kerze an verschiedenen Orten.

Auch LED Lichterketten bringen Licht und heimelige Winterstimmung in Ihr Haus.

Auch Dinge aus der Natur, gerne auch einmal modern arrangiert, passen in Ihr Winterwohlfühlhaus.

Wenn Sie einen Kamin haben, dann lagern Sie Kaminholz in schönen Körben davor oder daneben. Wenn der Kamin nicht oft benutzt wird und offen zu sehen ist, freut er sich jetzt zumindest über geschichtetes Holz oder jede Menge dicker Kerzen.

Große Schalen mit Winterobst, wie Orangen und Mandarinen, bringen einen fröhlichen Farbtupfer in Wohnzimmer oder die Küche.

Wie wäre es mit einem zur Jahreszeit passenden Türkranz, um Ihre Besucher und Sie zuhause willkommen zu heißen?

Und natürlich bringt jede Menge Weihnachtsdeko, wer es mag gerne auch schon Ende November, mit vielen Lichtern im Fenster und allen Räumen, die Stimmung der Weihnachtszeit in Ihr Zuhause.

UNSERE BEISPIELE VON RÄUMEN MIT WINTERGEFÜHL:

Jetzt dürfen auch gerne ein Feuer im Kamin oder alternativ die Kerzen brennen. Teppiche kommen aus ihrem Sommerlager zurück. Die Leseecke wird auch wieder häufiger genutzt...

Liebhaber von Rot können wieder aus vollem Herzen in der Lieblingsfarbe baden und selbst rote Wände wieder mit weiteren roten Dingen kombinieren.

Materialien mit warmen Farben wie Holz, Samt, Felle etc. sprechen uns an. Wir fühlen uns optisch durch die Farben aufgewärmt.

Wer es weniger intensiv mag kombiniert Rot mit Taupe, Creme und Braun.
Die Gardinen werden dicker und kräftiger in der Farbwahl.

Weiße Bettwäsche verschwindet, stattdessen kommen nun weichere Stoffe und Creme, Sand oder auch Goldfarben ins Spiel und alles wird gerade im Schlafzimmer in gedämpften Farben gehalten.

UND WAS IST MIT FRÜHLING UND HERBST?

Die Übergangszeiten sind genau das: Sie sind Übergänge von der warmen zur kalten Jahreszeit. Hier fühlen wir uns ganz individuell entweder schnell zu frischen Farben hingezogen oder halten gerne noch an den warmen Farben fest.

Grundsätzlich hilft uns hier die Natur. Farben die der Jahreszeit entsprechen und jetzt in der Natur zu finden sind, passen auch hervorragend in Ihr Zuhause.

Im Herbst sind dies z.B. die Farben der Ernte, Kürbisse und Beeren etc. Hier liefert uns die Natur ein letztes Feuerwerk an Farben.

Im Frühjahr sprießt und blüht es wieder und viele Menschen fühlen sich jetzt zu Grün, Gelbgrün, Gelb und wieder helleren Farben hingezogen.

Besonders in den Übergangsjahreszeiten Frühling und Herbst sind Blumen eine schnelle, einfache und wunderschöne Dekoration, um die Natur ins Haus zu holen.

UNSERE BEISPIELE VON RÄUMEN MIT FRÜHLINGS- ODER HERBSTWOHLFÜHL-GEFÜHL:

GIBT ES EIGENTLICH FARBEN DIE ZU JEDER JAHRESZEIT PASSEN?

Auch hier gilt wieder, dass alles was in der Natur das ganze Jahr über vorhanden ist, uns auch im Wohnbereich zu jeder Jahreszeit angenehm ist, wie z.B. Holztöne oder die Farben der Erde in allen ihren Mischungen wie Braun-, Beige-, Taupe-, Cremetöne. Neutrale Farben sind also auch jahreszeitlich neutral. Schauen Sie sich doch die Bilder ab Seite 34 an.

Kombinieren Sie neutrale Farben mit jahreszeitlichen farbigen Akzenten und Materialien. So haben Sie einen immer wechselnden Raum, indem Sie sich in jedem Monat wohlfühlen.

UNSER TIPP

UNSERE BEISPIELE VON NEUTRALER EINRICHTUNG
MIT JAHRESZEITLICHEN FARBIGEN AKZENTEN:

DEKO? SO MACHEN SIE DAS MEISTE AUS DEM WAS SIE SCHON HABEN!

Was ist eigentlich Deko? Wir sagen, Dekorationen sind das was wir lieben. Es ist schließlich unser Zuhause.

Ob Erinnerungsstücke aus der Kindheit, Omas alter Wecker, Postkarten die uns ein lieber Mensch geschickt hat, Konzertkarten die uns an besondere Abende erinnern etc., aber auch Sammlungen von Dingen die wir lieben wie z.B. Vasen in jeder Größe und jeden Materials, farbige Halstücher, Keramiken, Muscheln, Sträucher, eine Schale mit bunten Süßigkeiten oder getrockneten Gewürze und noch vieles mehr, alles ist Dekoration!

Natürlich sind auch Dinge die eine Funktion haben wie Möbelstücke, Gardinen, Kissen, Vasen dekorativ. Wir dekorieren unsere Wände mit Wandtatoos, Bildern, Büchern oder haben Muster- oder Fototapeten.

Dekorationen sind Akzente in einem Raum die unser Auge erfreuen. Sie können von Dingen ablenken, die wir nicht so schön finden oder sie sogar aufwerten, wie z.B. einen alten Schrank mit silbernen Kerzenleuchtern – oft macht es die Kombination.

Wir erfüllen in unserem Heim durch Deko Bedürfnisse, z.B. das Bedürfnis nach Entspannung, indem wir uns mit Dingen umgeben, die uns erfreuen und mit denen wir uns wohlfühlen. Deko ist daher ein wichtiger Teil zum Wohlfühlfaktor in unserem Leben.

Die meisten von uns besitzen schon jede Menge Deko. Bei manchen von uns ist viel in Schränken gelagert, weil wir es lieben, aber nicht wissen wo wir es aufstellen sollen. Bei anderen steht jeder Raum damit voll und schafft den Eindruck, dass es sich um reine Unordnung oder Chaos handelt.

Da wir das Problem sowohl persönlich als auch beruflich gut kennen, haben wir Ihnen unser System zur bestmöglichen Nutzung aufgeschrieben. Es ist ganz einfach und sehr effektiv. Probieren Sie es aus. Sie werden staunen, was auf einmal alles wieder so richtig zur Geltung kommt, Ihnen Freude bereitet und dabei auch noch Geld spart.

CHECKLISTE

- Nehmen Sie einmal alle Dekorationen aus einem Zimmer und stellen sie auf den Boden oder einen großen Tisch und ordnen Sie diese nach Farben.

- Welche Farben passen davon in das Farbschema Ihres Raumes?

- Es fliegen jetzt alle Dekorationen die farblich nicht passen, erst einmal raus. Wo sollen die hin? In einen Raum zu dem sie farblich passen oder in einen großen Karton. (Querverweis: Zu Farbschemen mehr in Kaptitel 1, Seite 19)

- Nun gruppieren wir was übrig ist zu sogenannten „Stillleben" zusammen. Wir machen aus einzelnen Dingen sozusagen unsere eigenen Kunstobjekte.

- Am besten funktioniert dies in ungeraden Zahlen, also 3, 5, 7 usw.

- Gerne können Sie dazu unterschiedliche Materialien mischen. Das bringt sogar Leben in unsere Kunst.

- Kleine Dinge kommen besonders gut auf einem passenden „Sockel", einem Untergrund, wie einem Tablett oder Teller, zur Geltung. Oder probieren Sie es mal mit einem Bücherstapel als Sockel.

- Diesen Trick können Sie auch anwenden, wenn Sie Dinge arrangieren möchten, die unterschiedlich groß sind: Dann rücken Sie die kleinen Gegenstände mit einem Sockel ins rechte Licht!

- Wichtig ist, dass jede Sammlung genügend Platz für sich hat. Jedes Kunstobjekt will und soll schließlich ausreichend bewundert werden. Dazu braucht es den Platz, um für sich zu stehen. Stellen Sie also nicht eine weitere Sammlung direkt daneben.

- Gute Plätze für unsere Stillleben sind z.B. der Kaminsims, Fensterbänke, der Couchtisch, Regale und Sideboards.

- Das funktioniert auch sehr gut mit Bildern, ausgeschnittenen Seiten aus Zeitschriften, Postkarten etc., die unter einheitliche Rahmen kommen.

- Zu guter Letzt: Sie müssen nicht alles gleichzeitig zeigen. Wechseln Sie die Deko lieber immer mal wieder.

- Praktisch: Lagern Sie Ihre Deko doch farblich geordnet in Kartons. Als Kennzeichnung reicht dann der Farbname.

- Wenn Sie dann ab und zu mal wieder unserem System folgen, können Sie Ihre schon vorhandene Deko immer wieder zu einem neuen Stillleben ordnen und somit in der Kombination neu erleben. Viel Spaß dabei.

Nach Farben geordnete Deko kann schnell der Jahreszeit entsprechend gegeneinander ausgetauscht werden.

Ein schwebendes Regal im Raum ist eine bewusst gewählte wunderbare Plattform um Deko zu zeigen und anzuordnen. Hier kann alles gezeigt werden von Bildern, die einfach nur darauf gestellt werden, unsere Vasen-Sammlung oder Spielzeugautos etc.

AUF EINEN BLICK:

- Deko ist alles was wir lieben.

- Deko ist wichtig für unseren Wohlfühlfaktor!

- Farblich geordnete Deko kann sehr gut als Sammlung bzw. Stillleben geordnet werden.

- Solche Sammlungen können immer wieder neu zusammengestellt werden. So wird die eigene Deko immer wieder neu erlebt.

- Nicht alles muss immer gleichzeitig gezeigt werden.

- Deko, die immer farblich geordnet ist, lässt sich schnell, z.B. der Jahreszeit entsprechend, austauschen.

SCHRITT FÜR SCHRITT – SO WIRD ES GEMACHT: DEKORIEREN MIT FARBE!

Hier nehmen wir Sie mit auf eine kleine Tagesreise in unsseren Berufsalltag:
Frau R. aus Herne wandte sich mit einem Problem an uns: Sie fand einfach nicht den richtigen Weg, wie Sie ihr Wohnzimmer dekorieren sollte. Das Angebot in den Läden erschlug sie förmlich und sie hatte keine Ahnung, für was sie ihr Geld ausgeben wollte. Sie wusste nur, dass es sich so, wie es aussah, ungemütlich und nichtssagend anfühlte. Frau R. hatte bisher fast alles richtig gemacht: Sie hatte das Zimmer neutral in einem hellen Grauton gestrichen, auf dem Boden lag graues Laminat und sie hatte eine großzügige Couch gekauft, die von der Proportion gut in den Raum passte – jedoch war diese wieder grau. Mit Grau als neutraler Farbe liegt man eigentlich so gut wie immer richtig, aber nur „grau in grau" ergibt eben keinen Wohlfühlrcum. Da Frau R. keine genaue Vorstellung hatte was ihr gefällt, haben wir vor Ort dekoriert und ihr verschiedene Möglichkeiten gezeigt:

DIE AUSGANGSSITUATION

So sah der Raum am Anfang aus:

Ein vollkommen neutraler Raum, ohne etwas Interessantes an dem das Auge hängen bleibt, vor allem ohne wirklichen Wohlfühlfaktor.

Trotzdem fielen uns sofort ein paar positive Punkte auf: Die graue Wandfarbe ist nicht bis unter die Decke gestrichen, sondern endet ca. 10cm darunter. So wirkt die Decke höher und der Abschluss ist eleganter. Das ist ein toller Tipp.

Außerdem gibt es bereits gutes Licht: Eine Stehleuchte und eine kleine Tischlampe, die warmes Licht geben, sind optimal platziert.

D e vorhandene Dekoration besteht aus einem zu kleinen, glatten Teppich, dem weißen Tisch, weißen Vorhängen und ein paar Kissen – auch grau.

Die Verwandlung beginnt.

DER 1. SCHRITT

Im ersten Schritt ersetzten wir den zu kleinen Teppich durch einen größeren aus Naturmaterial. Dieser ist grob gewebt und bringt so eine Struktur in den Raum. Die Atmosphäre ist nur durch diese kleine Veränderung bereits viel wohnlicher geworden.

DER 2. SCHRITT

Da Wände, Boden und Tisch glatt und schnell langweilig sind, brachten wir in kleinen Schritten mehr spannende Oberflächen ein: zum strukturierten Teppich kommen nun noch Kissen aus Strick und Filz mit Schrift. In die Vase stellten wir Äste und noch eine Holzschale daneben. Die hellen Gegenstände reflektieren das Licht und der Teppich bringt Wärme in den Raum.

DER 3. SCHRITT

Ein Holzhocker, auf dem man zusätzlich eine Tasse abstellen kann und eine gestrickte Baumwolldecke kommen dazu: Abends macht sie warme Füße und tagsüber sieht sie – einfach über die Récamiere geworfen – toll aus und macht die Couch heller. Außerdem wechselten wir den etwas langweiligen weißen Vorhang in einen mit grauen Streifen.

DER 4. SCHRITT

Die Stehleuchte gab zwar gutes Licht, aber diese Bogenleuchte sieht nicht nur stylischer und hochwertiger aus, sie bringt auch spannende Lichtkegel an die Wand. Außerdem ist sie aus Edelstahl und reflektiert das Licht auf die Couch, nicht an die Decke. Dieses Licht ist gemütlicher als indirekt zurückstrahlendes. Außerdem haben wir noch ein Bild aufgehängt.

Das Bild ist von uns selbst gemacht! Wie es geht, steht in Kapitel 7 auf Seite 271.

DER 5. SCHRITT

Frau R. hatte noch einen Tisch von ihrer Großmutter, den sie sehr mochte, aber für den sie nie den passenden Platz fand. Wir tauschten ihn gegen den einfachen weißen Tisch aus und machten uns in der Wohnung und im Keller auf die Suche nach weiteren Accessoires. Zum Vorschein kamen noch ein paar weiße Vasen, die man auf dem alten Tisch sehr schön zu einer Gruppe zusammenstellen konnte und die ihm gleich etwas ganz modernes verliehen. Außerdem stolperten wir noch über ein paar Kissen und eine Holzskulptur, die gleich auf der Fensterbank einen neuen Platz erhielt. Sie greift sehr schön die runde Form des Tisches auf und rundet, im wahrsten Sinne des Wortes, das Bild ab. Wir finden, ein Raum soll die Persönlichkeit seines Bewohners widerspiegeln!

Frau R. war vollkommen begeistert und freute sich sehr, dass Omas alter Tisch nun zum Schmuckstück geworden war und schöne Erinnerungen mit sich brachte.

DER 6. SCHRITT

Obwohl Frau R. schon ganz begeistert war, wollte sie nun auch gerne wissen, ob zumindest ein wenig Farbe nicht doch etwas für sie wäre.

Eine Lieblingsfarbe hatte sie nicht, aber da das Wohnzimmer nach Norden hinaus liegt und keine direkte Sonne bekommt, wollten wir mit gelben Farbtupfern die Sonne in das Zimmer bringen. Nur ein kleiner Bücherstapel und ein gelbes Kissen machen bereits einen enormen Unterschied.

DER 7. SCHRITT

Noch ein paar Kissen mehr und eine Vase dazu, und die Stimmung wurde immer freundlicher.

Wie aus einer alten Kristallvase ein schickes neues Stück wird, steht in Kapitel 7 auf Seite 265.

UNSER TIPP

DER 8. SCHRITT

An der Wand sollte die Farbe Gelb auch noch auftauchen. Nur ein Bild aufhängen? Das kann ja jeder. Wir haben eine ganz individuelle Lösung geschaffen.

Wie das ging? Auch diese Anleitung finden Sie in Kaptiel 7 auf Seite 269.

DER 9. SCHRITT

DAS GROSSE FINALE – IN GELB!

Mehr geht fast nicht: Wir tauschten den Teppich ebenfalls gegen einen gelb gemusterten aus. Nun scheint endgültig die Sonne im Raum. Allerdings ist diese Lösung wirklich nur was für Fans der Farbe Gelb.

Für Frau R. war es zuviel und sie ging zwei Schritte zurück. Nun lebt sie mit der Lösung im Bild von Schritt 7 sehr zufrieden und im Winter tauscht sie die gelben Accessoires gegen rote aus!

Das Arbeiten mit Akzentfarben –
der schnelle und günstige Weg zum neuen Wohngefühl!

Wir lieben Akzente und Akzentfarben, denn beide beleben Räume! Was ist das überhaupt Akzente und Akzentfarben? Akzente sind Dinge, die durch ihre Farbe, Form oder Material eine Stelle in einem Raum betonen. Akzentfarben sind Farben, die einen Kontrast zur vorherrschenden Farbe im Raum darstellen ohne diesen zu dominieren. Sie tauchen meistens nur in kleineren Objekten und/oder nur selten im Raum auf. Akzente sind also wahre Alleskönner und Zauberer. Sie sind Blickfänger und für eine gelungene Raumgestaltung sehr wichtig, da erst durch sie die eigentliche Stimmung in einem Raum entsteht. Und sie machen Spaß.

Wir arbeiten und spielen mit Akzenten jeden Tag, deshalb haben wir Ihnen hier wieder einige Vorschläge aus der Praxis mitgebracht.

SO SETZEN SIE AKZENTE EFFEKTIV EIN:

CHECKLISTE

Akzente können Dekorationen wie Bilder, Kissen, Teppiche, Vasen, Kunstobjekte etc. sein, aber auch einzelne, farblich von der Hauptfarbe abweichende Möbelstücke oder auch eine ganze Wand bzw. eine farbliche Nische sein.

Hier mit einem klaren Statement: der rote Hirsch.

Hier sind es nur drei kleine orangefarbene Tupfer, die trotzdem den Raum prägen.

Orange ist übrigens eine tolle Farbe für Arbeitszimmer: sie macht gute Laune und wirkt anregend – und dazu muß man gar nicht den ganzen Raum streichen.

Akzente sind alles was durch Farbe im Raum akzentuiert, also betont wird. Sie sind dazu da Aufmerksamkeit auf sich zu ziehen.

Wenn Akzente wiederholt werden, vermitteln sie eine gewisse Gradlinigkeit. Am effektivsten sind Akzente in ungerader Anzahl.

Akzente sind der schnellste, und häufig günstigste, Weg einem Raum eine neue Atmosphäre zu geben.

Zwei Bilder und die Sonne scheint – der Raum wirkt fröhlich.

Oft reicht eine einzige Tasche voller (bereits vorhandenen) Dekorationen (Querverweis: mehr zu Dekorationen im vorherigen Teil dieses Kapitels) und schon ist ein Raum von elegant auf fröhlich oder von wärmend auf kühlend verändert.

Gerade in Schlafzimmern ist oft weniger mehr.

Sammeln Sie im Sommer die rote Deko ein und ersetzen sie durch kühlende blau/grün Töne…Sofort passt die Farbwirkung zur Jahreszeit.

▶ **QUERVERWEIS:** Mehr zu Jahreszeitlichen Farben lesen Sie auf Seite 138

Wenn Sie die gelbe Deko gegen rote ersetzen, wird die Atmosphäre in wenigen Minuten allein durch Akzente gewandelt.

Akzente sind eine wunderbare Art und Weise intensive Farben einzusetzen, sind aber auch in allen anderen Farbtönen einsetzbar.

Sie helfen uns bei vorhandenen Dingen, z.B. einer vorhandenen Einbauküche in einer Mietwohnung, die Brücke zu unserer Wunschfarbe zu schlagen und ein harmonisches Farbschema zu erstellen.

▶ **QUERVERWEIS:** Mehr zu „Mit vorhandenen Dingen arbeiten" auf Seite 201.

Die vorhandenen blauen Fliesen sind nicht ihr Geschmack, weil sie altbacken wirken? Aber mit dem fröhlichen blauen Geschirr sieht das doch schon wieder ganz anders aus, oder? Sie können auch Fliesenaufkleber nutzen. Sie haben einen tollen Effekt, halten, sind preisgünstig und in Mietwohnungen leicht wieder entfernbar. (www.foliesen.de)

Akzente helfen Räumen, die in neutralen Farben eingerichtet sind, mehr Persönlichkeit zu geben.

Ein Akzent wie z.B. ein Bild oder auch ein andersfarbiger Sessel, können die Farbvorgabe für das Farbschema im Raum sein.

Bei sehr neutral eingerichteten Räumen kann ein Mustermix ein toller Akzent sein.

Ein Hauch grün ist dabei, aber der Mix der Materialien macht hier eine spannende Stimmung.

Keine Farbe, aber unterschiedliche Oberflächen

Einer der effektivsten Wege ein Stück in einem Raum zu betonen ist ganz einfach: Wenn es der einzige Gegenstand in der Farbe ist! Stellen Sie z.B. einen pinken Sessel in einen sonst neutral eingerichteten Raum.

UNSER TIPP

AKZENTE IN DEN VERSCHIEDENEN WOHNBEREICHEN:

IN DER KÜCHE durch kleine Küchenutensilien wie Toaster, Kaffeemaschine, Küchenhandtücher, eine Obstschale, Tablett oder auch größere Teile, wie einem farbigen Kühlschrank oder farbigen Barhockern.

IM WOHNZIMMER durch Dekorationen aller Art wie Vasen, Kissen, Decken, Bilder, einem Spiegel oder der Fensterbekleidung. Oder um einen Bereich zu betonen, wie z.B. mit einem farbigen Teppich vor der Couch oder ein einzelner andersfarbiger Sessel etc.

IM ESSZIMMER durch Tischdeko, z.B. mit Tischläufern, Vasen, Bilder oder Spiegel an der Wand oder auch mit einer Hängelampe über dem Esstisch.

IM SCHLAFZIMMER durch eine Tagesdecke, Leselampen, kleine Sitzgelegenheiten oder z.B. als Betthaupt oder Bild.

Wenn Sie gesättigte oder helle Akzentfarben nutzen wollen, sind diese am effektivsten, indem Sie einen Gegensatz in der Farbtemperatur schaffen. Also bei einer dominierenden kalten Farbe nehmen sie ein oder zwei Akzentfarben in einer warmen Farbe, bei einer dominierenden warmen Farbe genau andersherum.

Eine warme Wandfarbe kann mit kühleren Farben ergänzt werden.

▶ **QUERVERWEIS:**

Mehr zu kalten und warmen Farben in Kapitel 1 auf den Seiten 16 bis 18.

Nischen sind ein wunderbarer Bereich der durch Akzentfarben betont werden kann. Durch gesättigte Farben werden Nischen betont.

AUF EINEN BLICK

- Akzente bringen Atmosphäre in einen Raum.

- Akzente betonen bestimmte Dinge oder Bereiche in einem Zimmer.

- Akzente sind Blickfänger.

- Sie sind eine wunderbare Methode die Stimmung in einem Raum schnell und vielleicht nur kurzfristig, wie z.B. für eine Party, zu ändern.

- Man kann mit Akzenten sehr effektiv intensive Farben einsetzen.

- Nischen können wunderbar genutzt werden, um einen Zimmerbereich zu betonen.

- Akzente machen Spaß.

AKZENTWÄNDE: WAS FÜR EINE KULISSE!

Das Spielen mit Akzenten im Zimmer macht schon sehr viel Spaß. Noch toller ist es ganze Wände als Akzent zu nutzen, also eine ganze Wand zu betonen und sie zu einer farbigen Kulisse zu machen – einer sogenannten Akzentwand!

Was ist überhaupt eine Akzentwand? Es ist eine Wand die sich im Zimmer visuell stark von den anderen Wänden unterscheidet.

Akzentwände sind ein äußerst effektives Mittel in Räumen einen Fokuspunkt (visuelles Zentrum) zu kreieren.

Sie können aber auch einfach nur einen visuellen Hintergrund für Dinge im Raum, wie z.B. einer Sitzgruppe oder ein Bett, darstellen.

Akzentwände können Zimmer, die eine nicht so ideale Form haben, visuell verändern. Mit Akzentwänden können z.B. Räume breiter, schmaler, kürzer oder länger wirken. (Dazu mehr im nächsten Kapitel)

Akzentwände sind ein sehr preisgünstiger Weg, um einen Raum interessant zu machen.

UNSER TIPP

WIE STELLE ICH EINE AKZENTWAND HER UND WAS IST ZU BEACHTEN?

CHECKLISTE

Eine Akzentwand kann durch eine unterschiedliche Farbe oder z.B. eine Mustertapete gestaltet werden.

| Es sollte nicht mehr als eine Akzentwand pro Raum geben.

| Die Farbe der Akzentwand sollte in jedem Fall in das Farbschema des Raumes integriert sein, und die dominierende Farbe des Farbschemas bilden.

| Die Farbe der Akzentwand muß in jedem Fall in der Dekoration wieder aufgegriffen werden, da sie sich ansonsten nicht integriert, und sich anfühlt, als ob sie „nicht dazu gehört".

| Achtung: Akzentwände sollten nicht mit architektonischen Besonderheiten wie z.B. einem schönen Kamin, um Aufmerksamkeit konkurrieren.

| Aus dem gleichen Grund sollten Akzentwände auch nicht gleichzeitig mit Mustertapeten eingesetzt werden.

| Da sich eine Farbe gefühlt intensiviert je grösser ihre Sichtfläche ist, sollte die Intensität der Farbe einer Akzentwand mit Vorsicht gewählt werden. (Wir empfehlen zwei Farbschattierungen heller, als der Ton der Ihnen auf dem Farbstreifen im Baumarkt gefällt.)

Für ein Schlafzimmer erzeugt dieses dunkle Blau eine sehr beruhigende Wirkung. Wer es nicht ganz so ruhig möchte, wählt den Ton einige Nuancen heller.

UNSER TIPP

Eine Akzentwand am Ende eines langen Flures ist eine wunderbare Art diesen Flur interessanter zu gestalten und kürzer wirken zu lassen.

AUF EINEN BLICK

- Eine Akzentwand ist eine Wand im Raum, die sich visuell stark von den anderen Wänden, entweder in der Farbe oder z.B. durch eine Mustertapete, unterscheidet.

- Sie ist ein effektives Mittel ein Zimmer visuell in der Wahrnehmung zu verändern.

- Sie gibt Räumen den „Wow"-Faktor.

- Eine Akzentwand sollte nicht mit einem anderen Highlight im Raum konkurrieren.

Eine dunkle Stirn- oder Akzentwand bringt helle Möbel und Deko zum strahlen und lenkt den Fokus auf sie!

UNSER TIPP

Eine Akzentwand muß nicht immer komplett deckend gestaltet werden. Versuchen Sie doch einmal eine etwas künstlerische Variante. In diesem Bildbeispiel wurden Rechtecke abgeklebt und gestrichen. Weitere Bilder sind hier nicht mehr notwendig.

4 SPEZIELLE HERAUSFORDERUNGEN!

Das Arbeiten mit vorhandenen Dingen!

WOHLFÜHLEN MIT UNGELIEBTEN DINGEN – GEHT DAS?

Dieses Kapitel ist nicht nur für Einrichtungsfreunde besonders spannend, sondern auch für uns als professionelle Home Stager. Es ist etwas mit dem wir beruflich täglich konfrontiert und herausgefordert werden. Home Stager finden in Immobilien oft Dinge vor, die aus finanziellen oder rechtlichen Gründen nicht entfernt werden können. Wir müssen also mit dem Vorhandenen arbeiten – und trotzdem einen schönen Raum erschaffen. Im Home Staging ist absolut jeder Raum wichtig, denn in einer Verkaufsphase bedeutet jeder schöne Raum bares Geld.

Wenn wir in einer Immobilie leben, ist dies häufig nicht anders. Wir können, dürfen oder wollen bestimmte Dinge in einem Raum oft nicht ändern. Manchmal ist das der Boden, es sind Fliesen oder auch bunte Fensterrahmen etc.

Wie integriert man also vorhandene Dinge in einen Raum?

Die Lösung: Vorhandene Farben werden aufgenommen und in ein Farbschema integriert – wie in Kapitel 1 beschrieben. So können wir mit vielen Farbkombinationen spielen und fast jede Stimmung zaubern, die wir im Raum erzielen wollen. Die Farbkombination ist also unsere Geheimwaffe.

Das optimale Integrieren von bereits vorhandenen Farben in unser Wohlfühlfarbschema.

Als ersten Schritt, vor der Auswahl des Farbschemas, entscheiden wir zunächst welche Atmosphäre wir in unserem Raum gerne hätten. Wie wollen wir uns im Zimmer fühlen, wenn wir uns darin aufhalten – ja sogar schon in dem Moment wenn wir es betreten? Fröhlich und heiter? Oder soll das Zimmer eher ruhig und entspannend auf uns wirken? Soll es eine Atmosphäre von Wärme oder Frische haben?

Oder kann es beides sein: im Winter warm, und im Sommer frisch und kühl? Alle diese unterschiedlichen Stimmungen können wir durch Accessoires im Raum erzeugen, die sich einzig in Farbe und Haptik unterscheiden.

Das so etwas gar nicht so schwer ist, wenn die Regeln dazu beachtet werden, möchten wir Ihnen hier an einem Beispielen zeigen.

1 ZIMMER – 9 WIRKUNGEN!

Das Integrieren eines vorhandenen blauen Teppichbodens und blauer Wände in ein Schlafzimmer

Stellen Sie sich vor, Sie haben ein Zimmer mit einem hellblauen Teppich und hellblauen Wänden. Im Sommer ist es schön kühl, nur fast ein bisschen langweilig und im Winter wirkt es ungemütlich und kalt. Wir zeigen Ihnen, wie Sie es mit einigen farbigen Details aufpeppen und die Wirkung ändern können:

1. HELLBLAU & WEISS

Die Ausgangssituation: Wände und Boden sind hellblau, alle anderen Dekorationsgegenstände wie Tagesdecke, Gardinen und Lampenschirme sind weiß.

Nun verändern wir die Stimmung durch farbige Accessoires.

2. HELLBLAU & WEISS & TÜRKIS

Hier haben wir einfach ein paar türkisfarbene Kissen und eine Vase hinzugefügt. Der Raum wirkt nun immer noch wie ein frisches Sommerzimmer, aber schon interessanter, da er mehr Kontraste bekommen hat.

3. HELLBLAU & WEISS & TÜRKIS & DUNKELBLAU

Der silberne Spiegel wurde gegen ein Bild getauscht, das die Farbtöne Blau und Türkis wieder aufgreift. Die Raumwirkung ist nun sehr frisch, fast schon kalt. Es ist in dieser Farbkombination, mit ausschließlich kalten Farben, ein absolutes Sommerzimmer. Aber es wirkt auch spannend, weil wir unterschiedliche Oberflächen und Muster haben.

4. HELLBLAU & WEISS & TÜRKIS & DUNKELBLAU & HELLBRAUN

Bei diesem Beispiel wandert das Auge beim Betreten des Raumes auf das Bild. Es dominiert mit seinen türkis-blauen Farben den Raum. Aber es bringt noch eine weitere Farbe mit: Hellbraun – eine warme Farbe. Das Zimmer wirkt in dieser Kombination entspannend und auch noch frisch, aber nicht mehr kühl. Wärme bringt zum Beispiel auch die wattierte Tagesdecke.

5. HELLBLAU & WEISS & DUNKELBRAUN

Die blauen Accessoires sind komplett ersetzt worden durch braune. Die Tagesdecke und das Betthaupt strahlen in dunkelbraun noch mehr Wärme aus. Die kühle Wirkung des blauen Bodens wird mit den kuscheligen beigefarbenen Teppichfliesen abgemildert.

6. HELLBLAU & WEISS & DUNKELBLAU & ORANGE

Nun fügen wir eine intensive warme Farbe hinzu: Orange!

Obwohl sie nur in wenigen kleinen Gegenständen auftaucht wirkt die Atmosphäre viel wärmer. Hier ist es euch an kühlen Herbsttagen gemütlich, obwohl wir Wände und Boden nicht verändert haben.

8. HELLBLAU & WEISS & ORANGE

Was sagen Sie dazu? Auf einmal haben wir eine komplett veränderte Stimmung! Und wie haben wir das geschafft? Ganz einfach: die Dekoration in den kalten Farben Blau und Türkis wurde entfernt und durch neue in warmem Orange ersetzt. Zählen Sie einmal, wie wenig Gegenstände notwendig waren, um das Zimmer von kalt in warm umzugestalten – es sind viel weniger, als man denkt! Noch kuscheliger und gemütlicher wird dieser Raum, wenn man z.B. noch eine gestrickte Decke auf das Bett legt, oder Accessoires in Holz dekoriert.

9. DER CLOU! HELLBLAU & WEISS & DUNKELBLAU & ORANGE

Haben Sie etwas gemerkt? Wir haben die Farbe Orange als Ergänzung zum Blau nicht ganz ohne Absicht gewählt. Zum einen ist Orange eine warme Farbe, die das kühle Blau aufwärmt. Aber die beiden Farben sind auch Komplementärfarben, das heißt, sie liegen sich im Farbkreis genau gegenüber. Sie haben diese Farbharmonie bereits im Kapitel 1 auf Seite 26 kennengelernt.

Komplementäre Farben bringen sich gegenseitig zum Leuchten und peppen in diesem Fall den vorhandenen Raum richtig auf. Die blauen Dekorationsgegenstände schaffen eine Verbindung zu Wänden und Boden und das Gesamtbild ist stimmig, farbenfroh, fröhlich und passt zum Sommer, aber auch zum Winter.

In allen Fotos in denen das vorhandene Blau, wenn auch nur in ganz kleiner Menge, in der Dekorction wieder aufgenommen wurde, macht der Raum einen insgescmt stimmigen Eindruck.
Das ist ein Trick, der Räumen den Wohlfühlfaktor verschafft.

Deshalb: Ignorieren Sie die Farbe der vorhandenen Dinge nie komplett. „Grenzen Sie diese nicht aus", sondern integrieren Sie sie in Ihr persönliches Farbschema. Auch, oder gerade, wenn es nicht Ihre Lieblingsfarbe ist. So paradox es klingt: Die vorhandene Farbe fällt weniger auf wenn sie in ein harmonisches Farbschema integriert ist.

So macht das Anwenden der Farbregeln aus Kapitel 1 und das Nutzen des Farbrads noch mehr Spaß, oder?

RAUMWIRKUNGEN DURCH FARBEN VERÄNDERN?
SO KLAPPT ES!

Farben verändern Räume optisch.

Farben lassen Räume kleiner oder grösser, schmaler oder breiter wirken. Sie können den Eindruck vermitteln, dass z.B. eine Zimmerdecke etwas höher oder auch niedriger wirkt.

Diese Tatsache und dieses Wissen können wir nutzen, um auf uns nicht optimal wirkende Raumformen in ihrer Wirkung zu verändern. Beispiele sind z.B. Dachschrägen, langgestreckte Räume, lange Flure oder auch Räume, die wir optisch nach hinten „verlängern" wollen.

DAZU FINDEN SIE HIER EINIGE GRUNDREGELN:

1. GROSSE RÄUME

Dunkle Farben verkleinern optisch große Räume.

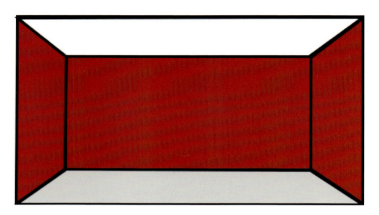

Dunkle Farbtöne lassen die Wände optisch näher zusammen rücken. Intensive oder kräftige warme Farben lassen einen Raum gemütlicher und kuscheliger erscheinen.

Fügen Sie besonders dunkle Farben an den Wänden oder dunkle Dekorationen lieber nach und nach hinzu. Zu viel davon ergibt schnell eine bedrückende Atmosphäre.

Dieses Wissen können Sie für sich nutzen, wenn Sie z.B. einen Raum haben, der Ihnen für die Funktion zu groß erscheint, oder bei dem z.B. die Möbel etwas „verloren" wirken. Schaffen Sie eine behagliche Atmosphäre, indem Sie z.B. einen großen Teppich in einer dunklen warmen Farbe unter die Möbel legen, dunkle Möbel verwenden oder eine bzw. mehrere Wände in einer intensiven warmen oder dunkleren Farbe streichen.

Dieses große Wohnzimmer wirkt ein bisschen wie eine Halle. Wenige dunkle Accessoires, wie Möbel, Teppich und Dekoration füllen ihn optisch.

2. KLEINE RÄUME

Helle Farben vergrößern optisch kleine Räume.

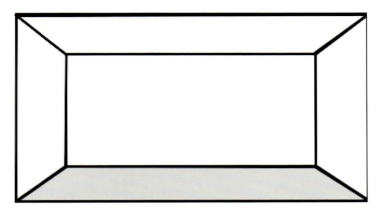

Helle Farben, besonders auch Weiß, lassen einen Raum luftiger und damit grösser und geräumiger erscheinen.
Auch kalte Farben, besonders in hellen Schattierungen, weiten einen Raum optisch.
Die Wirkung wird noch verstärkt, wenn die Möbel und die Wandfarbe aufeinander abgestimmt und identisch sind. Sie fließen dann sozusagen ineinander.

Dieses Wissen können Sie z.B. bei einem kleinen Raum nutzen, indem Sie ihn vorrangig mit Möbeln, Fensterbehängen, Teppichen und Bildern einrichten, die sich farblich nicht oder nur sehr wenig von den Wänden abheben. Aus diesem Grund sind kleine Bäder und Küchen oft in einer Farbe gehalten die hell bzw. kalt ist, wie z.B. Weiß.

Bei diesem Beispiel (links) ist sehr eindrucksvoll zu sehen, wie durch die dunklen Möbel, dem Teppich und dem dunklen Kamin der Raum kleiner wirkt als auf dem Bild rechts.
Besonders die Farbe des Teppichs im 2. Bild ist der Farbe des Bodens sehr ähnlich und nimmt optisch so gut wie keinen Raum ein. Das Zimmer wirkt offen und grösser.

Das Bett hebt sich hier farblich nur sehr wenig von der Wand und auch dem Boden ab. Der Raum wirkt dadurch leerer. Auch die hellen Farben lassen den Raum größer wirken.

Auch hier hebt sich das Sofa optisch kaum von der Wand ab. Die Gardinen bilden eine optische Einheit mit der Wand. Durch den farbigen Teppich wandert das Auge in die Raummitte. Zusammen mit dem Holzboden entsteht so eine Basis. Der Raum wirkt luftig und nicht eingeengt.

Wände und Möbel gehen optisch ineinander über, so wirkt die kleine Küche größer

3. HOHE UND NIEDRIGE RÄUME

Dunkle Decken lassen Räume niedriger und helle Decken lassen Räume höher erscheinen.

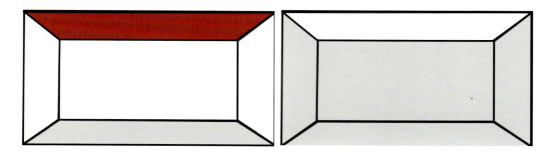

Dieses Wissen können Sie für sich nutzen, wenn z.B. ein kleiner Raum eine große Raumhöhe hat. Der Raum wirkt mit einer dunklen Decke weniger eingeengt. Auf diese Situation treffen wir häufig bei Durchgangsräumen, Bädern und Küchen oder auch z.B. in Altbauwohnungen.

Eine Decke kann höher erscheinen, wenn Sie sie in einer helleren Farbe als die Wände streichen.

UNSER TIPP

Wenn man die Decke nicht streicht, sondern mit einer dunklen, glänzenden Spannfolie ausstattet, spiegelt sich der Raum und die Decke wirkt überraschend hoch.

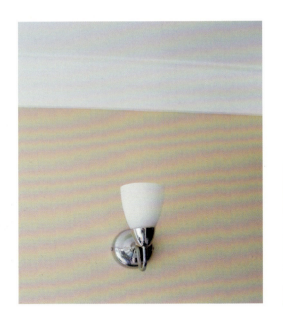

Um eine Decke höher erscheinen zu lassen, lassen Sie einen weißen Streifen zwischen der dunkleren Decke und der Wand frei.

Hier wirkt der Raum höher, da die Decke deutlich heller ist als es die Wände sind.

4. BREITERE RÄUME DURCH DUNKLE AKZENTWÄNDE

Eine dunkle Akzentwand lässt einen Raum breiter erscheinen.

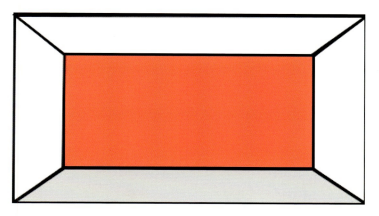

Diese Wirkung einer dunklen Akzentwand wird durch Querstreifen noch verstärkt.

▶ **QUERVERWEIS:**

Mehr zu Akzentwänden in Kapitel 3 auf den Seiten 188 bis 199.

UNSER TIPP

Eine dunkle Akzent- oder Stirnwand bringt helle Möbel sowie Deko zum Strahlen und lenkt das Auge auf sie!

5. DACHSCHRÄGEN UND NISCHEN!

Dachschrägen sind selten beliebt und werden häufig als problematisch angesehen. Besonders große Menschen haben schnell das Gefühl sich eingeengt oder sogar etwas klaustrophobisch zu fühlen. Wir können durch geschickte Farbwahl diesem Gefühl entgegenwirken.

Mini-Checkliste:

| Grossflächige Dachschrägen, die in einen Raum hineinragen, sollten immer in der Wandfarbe gestrichen sein.

| Kleinere Dachschrägen, die oft Nischen bilden, sollten in der Deckenfarbe gestrichen werden. So fallen sie optisch am wenigstens auf.

Gestalten Sie Dachschrägen optimal, indem Sie die Stirnwand unter einer Dachschräge immer in einer dunkleren Farbe halten. So stützt die Wand optisch das Dach und der Raum wirkt offener.

Sehen wir uns hierzu einige Beispiele an:

Obwohl ein sehr schönes Mansardenfenster im Raum vorhanden ist, wirkt der Raum durch die Dachschrägen sehr niedrig.

Durch die dunklere graue Stirnwand wirkt der Raum breiter, hat Struktur bekommen und scheint weniger niedrig zu sein. Die dunkle Wand stützt die Decke optisch.

NISCHEN WERDEN OFT ALS VERSCHENKTER RAUM EMPFUNDEN.

Sie lassen sich jedoch, je nach Wunsch, sehr gut durch unterschiedliche Farben entweder hervorheben oder kaschieren.

Mini-Checkliste:

> Nischen können z.B. durch eine intensive Farbe als Akzentwand hervorgehoben werden und dienen dann als dramatischer Hintergrund für helle Deko oder helle Regale.
> Wenn eine Nische mit einer Dachschräge kombiniert ist, sollte die Wandfarbe der Nische eine dunklere Farbe als die abgeschrägten Wände haben. Dies verhindert, dass einem optisch „die Decke auf den Kopf fällt".

Durch die dunkle Stirnwand wirkt der Raum nach hinten länger. Die weiße Badewanne wird als Blickfang betont.

Die Dachschräge über dem Kopfbereich des Bettes ist heller als die Stirnwand und die Schräge fällt somit optisch nun nicht mehr „auf den Kopf".

6. LANGE FLURE

Flure sind die Verbindungen zwischen unseren einzelnen Wohnbereichen. Sie sind häufig die architektonischen Stiefkinder, ganz besonders was natürliches Licht betrifft. Sie sind oft lang und dunkel. Durch Farbe können wir lange Flure nach unserem Belieben entweder optisch verkürzen und breiter erscheinen lassen, oder z.B. auch ihre Länge bestimmen.

Mini-Checkliste:

- Helle Farben machen auch in Fluren das meiste aus natürlichem Licht. Streichen Sie Ihren Flur in hellen Farben. Kaum jemand möchte von einer dunklen Höhle begrüßt werden.
- Bei langen engen Fluren sollte man nicht direkt gegenüberliegend dekorieren, dies schafft einen Engpass. Besser geht's im Zick-Zack-Stil – also rechts-links versetzt.
- Lange Flure lassen sich auch gut mit Farbstreifen, wie z.B. an der Wand aufgehängten Schiebegardinen, visuell unterbrechen.
- Alternativ können Sie die Länge Ihres Flures zelebrieren, indem Sie z.B. eine Reihe von Bildern, alle auf einer Seite und Höhe, wie in einer privaten Kunstgalerie nebeneinander hängen, oder einfach einen langen Teppich mit Längsstreifen auslegen.
- Spiegel maximieren das vorhandene Licht. Das funktioniert natürlich nur, wenn Sie beim Aufhängen darauf achten, dass wirklich eine Lichtquelle reflektiert wird. Ein Spiegel, der an einer Stirnwand aufgehängt ist, verlängert den Flur optisch.

UNSER TIPP: Dunkle Flure mit mehr als einer Lichtquelle beleuchten. Toll ist es z.B. drei bis fünf gleiche Deckenleuchten hintereinander aufzuhängen.

Die Stirnwand könnte auch z.B. eine Fototapete sein. Motive beleben den Flurbereich und eine dunkle Stirnwand läßt den Flur kürzer wirken.

Ein langer Flur kann durch einen querliegenden farbigen Teppich „auf halber Strecke" optisch unterbrochen werden.

7. OFFENE WOHNBEREICHE:

Offene Wohnbereiche sind modern und besonders in kleinen Wohnungen sehr beliebt. Sie lassen natürliches Licht durch die Räume fließen und maximieren das Platzgefühl, weil keine Wände die vorhandenen Quadratmeter einschränken.

Farbe schafft in einem offenen Wohnbereich entweder Zonen, die sich vom Rest des Raumes abtrennen, oder sie vereint die verschiedenen Funktionen im Raum.

Mini-Checkliste:

- Die wichtigste Regel: Der gesamte offene Wohnbereich sollte in einem Farbschema gestaltet werden. Siehe Seite 101.
- Die Verwendung von einheitlichen hellen Farben verbindet optisch verschiedene Bereiche und lässt den Raum dadurch harmonisch und großzügig wirken.
- Einzelne Bereiche können farblich voneinander abgegrenzt werden, wie z.B. bei einem Arbeitsplatz im Wohnzimmer.
- Abgegrenzte Bereiche streicht man am besten mit einem etwas dunkleren Ton der übrigen Wandfarbe oder aber mit einer intensiven Farbe, die dann als Akzentfarbe auch noch einmal verwendet werden kann.
- Ein einheitlicher Bodenbelag schafft Großzügigkeit. Passen Sie z.B. die Farbe der Bodenfliesen an den Teppich im Wohnbereich an.

WOHLFÜHLIDEEN
5
Welche Farben passen gut zueinander?

Tipps zum Kombinieren mit Farbe!

Generelle Faustregeln:

- Alle auf dem Farbkreis nebeneinander liegenden Farben passen zueinander und lassen sich gut miteinander kombinieren.
- Alle Grautöne und alle Neutralfarben lassen sich gut miteinander kombinieren. Solche Kombinationen sind sehr populär und trendunabhängig, denn auch wenn es sich nicht um Lieblingsfarben handelt, wird man sich kaum daran stören.
- Farbkombinationen aus Neutralfarben eigenen sich gut für elegante Raumwirkungen.
- So gut wie jede Farbe lässt sich als Akzentfarbe mit Neutralfarben mischen.
- Grau und Beige schwächen leuchtende Farben ab.
- Weiß bringt Farben zum Leuchten.
- Eine Farbe sollte im Raum immer klar die Hauptfarbe sein.
- Brauntöne sind neutral und lassen sich sehr gut mit Farben kombinieren.

ROT

Grau und alle neutralen Farben passen gut zu Rot! Warm kraftvoll, vorsicht bei zu großen Flächen, leuchtet mit Weiß, elegant mit Grau, extravagant mit Gold.
Rot ist nie neutral.

Gut als Akzentwand oder Nische. Violett ist nicht neutral: man liebt oder hasst es. Kann je nach Nuance kalt oder warm wirken. Ist toll mit Nachbarfarben zu kombinieren. Hell und dunkel passen gut zusammen.

VIOLETT

Ruhe und Frische strahlt die Farbe des Meeres aus! Passt toll zu Türkis und Grün. Mit Weiß-, Sand- und Cremetönen entsteht der „Beachlook", das Strandhausgefühl. Mi- frischem Gelb, Braun und Taupe wirkt Blau zudem warm.

BLAU

Grün ist die Farbe der Natur. Toll kombinierbar und passt gut zu Blautönen. Rot als Komplementär ist kraftvoll, Gelb und Grün wirkt eher frisch. Ein getrübtes Grün kann elegant sein. Grün ist gut für bunte Farbschemen. Mutige kombinieren es mit Orange und Violett. Alle Helligkeiten und Sättigungen passen zueinander.

GRÜN

GELB

Gelb hat viele Nuancen und erinnert an Sonne oder Zitronen. Gelb und Grün ist sommerlich. Modern ist Gelb mit Beerentönen. Gelb macht gute Laune, sonnige Stimmung und dunkle Farben leicht.

Orange ist eine fröhliche Farbe. Orange strahlt mit Weiß und ist toll für den Sommer. Kombiniert mit Grau beruhigt es, mit gelb ist es die Farbe des Feuers und wärmt. Orange leuchtet in Kombination mit Blau, mit Brauntönen wirkt es elegant.

ORANGE

Braun oder Schwarzbraun erinnert an Milchkaffee, Schokolade, Holz. Es wärmt auf und ist neutral. In Kombination mit Gelb und Grün wird es frischer. Braun wärmt Blau auf. Rosa und Braun ist eine gute Kombination, die nicht allzu lieblich wirkt. Zeitlos elegant ist Braun, Creme und Grau.

BRAUN

Grau ist Mausgrau, Steingrau und Zementgrau. Es schwächt leuchtende Farben ab, ist elegant mit Weiß und total neutral. Edel sieht es mit Creme- und Sandtönen aus.

GRAU

WELCHE FARBEN PASSEN GUT ZU WELCHEN RÄUMEN?

Wir haben es schon oft erwähnt: das Wichtigste bei der Farbwahl ist immer, dass Sie und die Menschen, die mit Ihnen in den Räumen leben, die Farben lieben oder zumindest mögen. Nur dann werden Sie sich in den Räumen wohlfühlen, diese gerne und oft nutzen – und nur darauf kommt es an.

Jeder findet seinen Wohlfühlplatz – gerne auch mal ohne Farbe

Warum ist das eigentlich so? Hier gibt es eine Menge unterschiedlicher Erklärungen. Die wichtigste Erkenntnis ist, unserer Meinung nach, dass unsere Reaktionen auf Farben und unsere Farbvorlieben sowohl genetisch als auch durch unsere eigenen Erfahrungen geprägt sind. Männer und Frauen reagieren auf Farben anders und unsere Vorlieben ändern sich mit unserem Alter. Nicht jedes Mädchen, das knalliges Pink in seiner Kindheit oder als Teenager geliebt hat, empfindet so auch noch als ältere Frau.

FARBE FÜR FARBE

Hier finden Sie Ideen in welchen Räumen Sie die einzelnen Farben gut anwenden können.

ROTTÖNE IM WOHNBEREICH…

… sind leidenschaftlich, warm und ziehen die Aufmerksamkeit auf sich. Sie werden daher oft zum Hervorheben für Dinge genutzt.

… wirken toll im Eingangsbereich z.B. als Haustür, im Essbereich z.B. als Stuhlkissen oder, wenn es alle mögen, auch im Wohnzimmer z.B. als Burgunder- oder Pflaumenton.

… wirken als Akzent zu einem sonst neutralen Farbschema.

… als zarte Rosétöne oder als helles und trübes Rose, wirken sehr feminin und können gut in weiblichen Räumen eingesetzt werden. Als trübes Rosé kann es auch gut in der Kombination mit Braun, Taupe oder Grau in Wohnzimmern oder Schlafzimmern eingesetzt werden und ist dann wesentlich weniger „weiblich".

ORANGETÖNE IM WOHNBEREICH…

… sind stimulierend, warm und gelten als freundliche Farben die Menschen zusammen bringen. Sie wirken einladend in Bereichen wo gegessen wird, also in der Küche und im Esszimmer, z.B. als Akzentwand oder als Stuhlfarbe. Orangetöne lassen sich gut mit Naturmaterialien wie Rattan und Sisal kombinieren und wirken dann weniger aggressiv, grell oder intensiv, als wenn sie z.B. mit weißen Lackmöbeln kombiniert werden und dann hellwach machen. Getrübte Orangetöne eignen sich auch für andere Wohnbereiche in denen kommuniziert wird, wie z.B. einem Wohnzimmer oder einem Büro in dem sich ausgetauscht wird. Mit Blautönen und als neutraleres „gebranntes Orange" wirkt es mediterran.

Von Orange wird gesagt, dass es die Kreativität stimuliert.

GELBTÖNE IM WOHNBEREICH…

… gelten als sehr willkommen heißende Farben und werden daher oft in Eingangsbereichen, Fluren und Küchen verwendet. Gemischt mit Weiß, Grau und Creme können helle und gesättigte Gelbtöne in vielen Räumen eingesetzt werden, weniger jedoch in Räumen die entspannen sollen, wie z.B. Schlafzimmer. **Es wird von starken Gelbtönen gesagt, dass sie das Gehirn aktivieren.**

BLAUTÖNE IM WOHNBEREICH...

... werden mit Wasser und Meer in Verbindung gebracht und deshalb gerne in Bädern verwendet. Wegen seiner entspannenden Wirkung wird es als heller Blauton, gerne auch in Verbindung oder als Mischung mit Grau, wie z.B. in Taubenblau, in Schlafzimmern genutzt.

Es wird von Blau behauptet, dass es klares Denken fördert und wird daher, je nach Bedarf, gerne in Büros verwendet.

VIOLETTTÖNE IM WOHNBEREICH…

… sind sehr persönliche Farben, deshalb sollten sie im Wohnbereich am ehesten als heller Ton, wie z.B. ein Fliederton, verwendet werden. Dann passt es z.B. ins Wohn- oder Schlafzimmer. Dort wirkt es weniger feminin in Kombination mit kühlem Braun, z.B. mit braunem Leder oder einem dunkelbraunen Kopfteil und Sessel. Es sollte immer nur in geringem Umfang eingesetzt werden, da es von vielen Menschen leicht als überwältigend oder „zu viel" empfunden wird.

Männer bevorzugen Violett eher weniger. Grau und Schwarz sind für sie eine gute Ergänzung und macht das Farbschema etwas maskuliner.

GRÜNTÖNE IM WOHNBEREICH…

… sind in jedem Raum einsetzbar. Besonders trübe bzw. ungesättigte Töne, wie ein Moosgrün oder ein Salbeiton.

… sind die Farben der Natur und erinnern uns an den Wald und grüne Wiesen. Wir verbinden Ruhe und Regeneration mit Grün, aber Grün erfrischt uns auch und schenkt uns Energie. Es ist daher nicht überraschend, dass Grün die Farbe ist, die uns visuell am wenigsten ermüdet.

Die Neutralfarben

GRAUTÖNE IM WOHNBEREICH...

... sind als neutrale Farben in vielen Wohnbereichen einsetzbar. Nutzen Sie Grau in allen Kombinationen von hellem Taubengrau für mehrere Wände im Schlafzimmer, Wohnzimmer oder Flur, bis hin zu Schiefer- und Anthrazitgrau, z.B. als Akzentwand oder einfach als Hintergrund um die davorstehenden Möbel hervorzuheben. Kombinieren Sie Grau mit farbigen Akzenten um eine Stimmung zu verstärken. Besonders elegant wirkt Grau kombiniert in mehreren Farbstufen mit z.B. dunkleren Fußleisten oder als Hintergrund mit weißen Fensterrahmen etc.

BRAUNTÖNE IM WOHNBEREICH...

... funktionieren in allen Abstufungen und in allen Räumen. Als Schokoladenbraun für Akzente und Möbel wie Sofa oder Sessel im Wohnzimmer, als Kopfteile im Schlafzimmer oder in z.B. Sandton oder Karamell als helle, sanfte Wandfarbe.

Braun ist eine neutrale Farbe und wird oft mit Gemütlichkeit, Wärme und Holz in Verbindung gebracht. Besonders gemischt mit Grau und in helleren Varianten ist es eine moderne Farbe, die sich mit allen anderen Farben mischen lässt und die somit kühlend oder wärmend wirken kann.

WEISSTÖNE IM WOHNBEREICH…

... können in allen Wohnbereichen verwendet werden. Weiß wird mit Sauberkeit verbunden und ist daher oft die Wahl für ein Badezimmer.

... sind ein zeitloser Klassiker unter den Farben. Weiß ist sehr flexibel und der perfekte Hintergrund um Farbschemen erst einmal auszuprobieren. Es bringt starke Farben zum Leuchten und ist ein idealer Hintergrund sowohl für monochrome als auch für bunte Farbschemen. Es lässt Räume visuell am größten erscheinen. Reines Weiß kann besonders in nördlichen Räumen kalt und ungemütlich wirken. Hier empfehlen wir immer ein gebrochenes Weiß, also ein Weiß mit einem sehr leichten Unterton von Gelb, Orange oder Braun, zu benutzen. Weiß ist besonders schön in Verbindung mit einem Holzfußboden.

... außer in einem reinen Schwarz-Weiß Farbschema sind „Fast-Weißtöne" bzw. gebrochenes Weiß und Cremetöne leichter zu verwenden und werden oft angenehmer empfunden als reines Weiß.

Mit natürlichen Materialien und Pflanzen lassen sich Schwarz/Weiß/Graue-Räume auch wohnlich aufpeppen

SCHWARZTÖNE IM WOHNBEREICH…

… sind sehr dominante Farbpartner und eignen sich weniger gut als Decken- oder auch Bodenfarben, denn sie schlucken nicht nur sehr viel Licht, sondern vermitteln auch schnell das Gefühl, dass „einem die Decke auf den Kopf fällt". Als Neutralton kann Schwarz eingesetzt werden wo es gefällt, wer es mag auch als Akzentwand. Wir mögen Schwarz nicht nur als Akzent mit Weiß, Glas und Chromfarben, sondern aufgewärmt mit Holz und warmen Lederfarben. Da ein Schwarz-Weiß-Schema eine Art Stilrichtung bzw. ein Statement ist, funktioniert es in ganz verschiedenen Wohnbereichen wie z.B. im Schlafzimmer, Wohnzimmer oder Badezimmer.

ZIMMER FÜR ZIMMER!
Flure

Der Flur ist der Ort der uns in unserem Zuhause empfängt. Wir wollen uns auf den ersten Blick wohlfühlen und freuen angekommen zu sein. Da Flure keine eigentlichen Wohnräume sind, sondern eher ein Durchgangsbereich in denen Sie sich nicht lange aufhalten, können Sie hier mutig Dinge ausprobieren die Ihnen Spaß machen. Wie wäre es z.B. mit einem speziellen Wandeffekt oder einer Fototapete? Oft sind Flure nicht mit natürlichem Licht verwöhnt und eher dunkel. Gute Farben sind Weiß- und Pastelltöne sowie helle Gelb-, Grün- und einige Rottöne. Weniger passend sind Blau, Schwarz, Braun und alle zu dunklen Farben.

Sie mögen die Farbe Grün, finden es im Wohnraum aber zu gewagt? Dann streichen Sie doch eine Wand im Flur damit.

UNSER TIPP

Streichen Sie nicht die ganze Wand, sondern nur einen Teil und fassen Sie diesen mit Stuckleisten ein.

Farbige Teppiche können einen Flur im Handumdrehen verändern. Spiegel machen das meiste aus wenigem natürlichem Licht, und fast jeder Flur wirkt einladender durch zusätzliche künstliche Beleuchtung.

Wohnzimmer

Das Wohnzimmer wird meistens von allen Bewohnern genutzt und der Wohlfühlfaktor aller hat hier absolute Priorität. Wir verbringen jeden Tag Zeit darin, oftmals sogar eine große Anzahl von Stunden. Es sollte deshalb in der Stimmung und Farbwahl dem Lebensstil seiner Bewohner entsprechen. Obendrein wünschen wir uns vom Wohnzimmer auch, dass es auf Besucher einladend und ein wenig repräsentativ wirkt. Das Wohnzimmer soll unseren persönlichen Stil durch Dinge wie Lieblingsmöbelstücke, Dekorationen wie Bilder, Urlaubsmitbringel etc. ausdrücken. Gleichzeitig müssen Dinge wie Bücher, Fernseher, Musikanlagen etc. untergebracht werden. Wohnzimmer sollen also bequem und einladend, oft familienfreundlich oder aber stilvoll und elegant sein. Es müssen also, besonders bei mehreren Bewohnern, eine Menge Dinge „unter einen Hut" gebracht werden.

Für Wohnzimmer besonders gut geeignete Farben sind daher entspannende Farbschemen die durch Akzente belebt werden. Gute Farbschemen sind neutrale Farben wie Creme, Taupe oder Grau, kombiniert mit einer oder zwei belebenden Akzentfarben. Gute Möglichkeiten die Akzentfarben einzusetzen sind z.B. Gardinen, Kissen und Dekorationen aller Art.

Sollten Sie mehr Farbe im Wohnzimmer lieben, dann können Sie ein neutrales Farbschema auch mit einer Akzentwand beleben, oder auch mit Kombinationen aus verschiedenen ungesättigten bzw. trüben Farbtönen.

Für eine entspannende Atmosphäre oder für ein elegantes Aussehen empfehlen wir Ihnen Kombinationen ausschließlich aus Creme-, Taupe- und Grautönen kombiniert mit Glas, hochglänzenden Beistelltischen, Chrom oder goldfarbigen Akzenten.

Küchen

Küchen sind oft die sogenannten „Herzen des Hauses". Sie sind besonders tagsüber häufig der zentrale Ort an dem sowohl gekocht und gegessen wird, als auch jede Menge andere Dinge geschehen, wie z.B. die Hausaufgaben der Kinder, oder die schnelle Tasse Kaffee mit der Nachbarin oder Freundin. Küchen sind häufig voll mit guten Dingen und lebensnotwendigen Utensilien. Die Küche ist also ein Ort der Versorgung als auch der Entspannung und der Unterhaltung.

Wir tauschen Küchenmöbel nicht alle paar Jahre aus, deshalb sind klassische und neutrale Farben wie Weiß- oder Cremetöne eine gute Wahl. Holz wirkt natürlich, Naturstein dagegen elegant und hochwertig. Bei der Arbeitsplatte können Sie durch Farbe oder Material der Küche eine besondere Note geben.

Die Wände sollten dem durch die Küchenmöbel und der Arbeitsplatte vorgegebenem Farbschema angepasst werden. Grundsätzlich sind trübe bzw. ungesättigte Gelbtöne einladend, oder appetitanregende trübe Orangetöne wie Terrakotta sehr gemütlich.

Grundsätzlich gilt: Die Bodenfarbe und die Arbeitsplatte sollten harmonisch oder sehr ähnlich sein, und für die Farbe der Küchenmöbel und der Wände gilt das Gleiche.

UNSER TIPP

Sie lieben Rot in der Küche? Dann empfehlen wir, dass Sie sich auf Details wie z.B. die Spritzwand, Elektrogeräte (z.B. Toaster) oder die Dekoration beschränken, da sich Rot (wie alle Farben) in der Menge der vorhandenen Flächen intensiviert.

Sie können die Küche nicht verändern, da sie nicht Ihnen gehört? Nehmen sie die vorhandenen Farben wieder auf und zelebrieren oder neutralisieren sie diese z.B. mit einem komplementären Farbschema. Ignorieren Sie die Farben nie ganz, sondern verwenden Sie sie in kleinen Dosen, z.B. in Geschirrhandtüchern.

Esszimmer

Unsere persönliche Meinung zu Esszimmern oder Essbereichen ist, dass sie einladend und bequem sein sollten. Ihre Gäste und Sie werden hier häufig mehrere Stunden verbringen, die meiste Zeit davon sitzend. Laden Sie Ihre Gäste zum Verweilen mit bequemen Stühlen, weichen Polstern und Sitzkissen ein. Verwenden Sie im Esszimmer entweder fröhliche intensive Farben in den Akzenten oder z.B. den Stühlen, kombiniert mit hellen, neutralen Wandfarben, oder auch trübe, helle Farben für einen zurückhaltenden, eleganten Stil. Vermeiden Sie Farben die hart und kühl wirken, wie z.B. Schwarz oder Blau und Materialien, z.B. zu viel Chrom und harte oder hartwirkenden Stühle.

Büro

Das Büro soll für die meisten von uns ein Ort der Inspiration sein. Wir suchen Platz für unsere Gedanken und wollen uns hier munter und aufmerksam fühlen.

Gute Farben dafür sind helle und visuell nicht zu aufdringliche Farben wie Creme, Weiß- oder helle Grüntöne, helles, ungesättigtes Gelb und, wer es mag, auch helles Violett, wie ein Fliederton, oder helles ungesättigtes Orange, wie Terrakottatöne.

UNSER TIPP

Gerade im Büro ist ein Farbschema hilfreich um visuelle Ruhe und Ordnung zu schaffen. Achten Sie daher auch bei den sichtbaren Dingen wie Ordnern etc. darauf, dass diese entweder unsichtbar hinter einer Schranktür verschwinden oder eben farblich angeglichen sind und ebenfalls ins Farbschema passen.

Schlafzimmer

Für die meisten von uns sind unsere Schlafzimmer sehr persönliche, intime Rückzugsoasen. Ihr Schlafzimmer ist kein öffentlicher Wohnbereich und wird, außer von Ihnen und Ihrem Partner, von niemandem täglich gesehen. Deshalb ist an diesem privaten Ort grundsätzlich alles erlaubt was gefällt, und es wäre falsch Ihr Schlafzimmer mehr nach strikten Regeln oder einem bestimmten (gerade trendigen) Stil einzurichten, als nach Ihren persönlichen Bedürfnissen.

Da es aber normalerweise vor allem ein Ort der Entspannung sein soll, gilt im Schlafzimmer, gerade was die Wahl der Farbe betrifft, weniger ist mehr. Wir empfehlen deshalb sanfte, helle Farben. Gut funktionieren monochrome Farbschemen in verschiedenen Helligkeitsstufen (z.B. in Grün- oder Blautönen), Cremetöne mit einem grauen oder braunem Kopfteil, oder z.B. ein heller Flieder-, Rose- oder Taupeton. Kombiniert mit einer dunkleren Farbe für das Kopfteil des Bettes wie z.B. Machiatobraun, Schiefergrau oder einem dunklem Taupeton wirkt es weniger feminin. Rottöne werden meistens nicht als entspannend empfunden und eignen sich daher weniger.

UNSER TIPP

Sie möchten im Schlafzimmer eine Wand mit dramatischem Effekt, z.B. Orange? Dann empfehlen wir, dass alle starken Farben dort platziert werden, wo sie visuell im Bett nicht wahrgenommen werden, nämlich am Kopfteil. Der Rest der Wände sollte in sanften Farben gestaltet sein.

Passen Sie die Tagesdecke der Wandfarbe oder der Farbe des Bodens an. So haben Sie den größtmöglichen Effekt.

Beruhigen Sie starke Farben oder Muster mit neutralen Farben, z.B. in der Bettwäsche.

Für den absoluten Wohlfühleffekt ist unser Motto bei den Materialien: Mehr ist mehr. Verwöhnen Sie sich mit der besten Bettwäsche, weichen luxuriösen Stoffen und Ihren Lieblingsmaterialien in Kissen, Decken und Gardinen.

Suchen Sie nach einer Beleuchtung die weiches und warmes Licht erzeugt.

Bäder

Bäder sind heute nicht mehr nur ein Ort der Reinigung, sondern die meisten von uns wünschen sich auch eine Rückzugsoase, einen Ort der Entspannung – unseren eigenen kleinen Wellnessbereich.

Das Bad ist ein Ort in dem wir durch farbig aufeinander abgestimmte Handtücher, Teppiche, Kerzen und Deko schnell und kostengünstig eine neue Atmosphäre schaffen können. Eine Ablage über der Badewanne und eventuell eine Sitzgelegenheit schaffen zusätzliche „Spa-Atmosphäre". Farblich ist erlaubt was gefällt. Da Bäder aber oft klein sind, sind dann kühle Farben günstig, helle Farben wie z.B. Blau und Weiß. Achten Sie bei weißen Bädern jedoch besonders auf warmes, schmeichelndes Licht. So vermeiden Sie einen gewissen „Krankenhauscharme".

UNSER TIPP

Vermeiden Sie einen grauen Blauton oder auch ein völlig weißes Badezimmer. Beides wirkt häufig sehr hart und schmeichelt nicht. Weiße Bäder lassen sich schnell durch farbliche Akzente in den Handtüchern, der Duschgardine oder der Fensterbekleidung oder einem Badezimmerteppich beleben. Besser als Weiß sind Naturtöne wie sie in Natursteinen vorkommen, z.B. Beige oder Sand. Je nach Geschmack kann Sie auch morgens ein sonniges Gelb beleben.

Dekorationen aus Holz, ein Hocker oder andere Akzente in warmen Farben wärmen weiße Fliesen.

Lebende Pflanzen beleben jedes Farbschema. Sie sind besonders bei neutralen Farbschemen sehr effektiv, und müssen nicht als „Grün" im Farbschema integriert werden.

Wie wäre es mit einem Gartenliegestuhl im Bad? Sie sind bestens für den Feuchtbereich geeignet.

Und wie erleben Sie diese Farben? Liegen wir richtig oder ist Ihre ganz persönliche Empfindung eine andere? Wie können Sie dies ausprobieren? Am besten drapieren Sie Dinge in der Farbe die Sie testen möchten auf einen Stuhl. Dies funktioniert gut mit einer größeren Menge Stoff. Setzen Sie sich jetzt davor und erleben Sie wie sich Ihre Stimmung ändert.

Ist die Farbe angenehm und entspannend, oder belebend und lädt Ihre Energiereserven ein wenig auf? Fühlen Sie sich so richtig wohl mit der Farbe oder ist sie, bei längerer Betrachtung, eher anstrengend oder macht sie sogar nervös? Sie werden erleben, dass wir uns Farbe wirklich nicht entziehen können und sie eine Wirkung auf uns hat.

Oft bemerken wir Farben, die in unserem Umfeld im Hintergrund sind, nicht mehr. Sie wirken aber auch im Unterbewusstsein immer weiter. Ist es da nicht besser den ganz persönlichen Freund oder Feind zu kennen und die Wirkung auf uns bewusst zu nutzen?

KLAPPT IMMER! FARBSCHEMEN DIE FUNKTIONIEREN !

Sie möchten es auf jeden Fall richtig machen? Keine Experimente? Einfach nur von uns lesen, was denn auf jeden Fall funktioniert? Dann haben wir hier ein paar Ideen für Sie.

Farbschema: Die Natur!

Es gibt einige Farbschemen die von uns Menschen als harmonisch erlebt werden. Diese sind trendunabhängig, jeder kennt sie und sie sind überall um uns herum.

Es sind die schönen visuellen Momente ... wie z.B. wenn Sie morgens aus dem Fenster schauen und die Sonne gerade aufgeht, am Wochenende einen Spaziergang durch einen herrlichen Wald machen oder im Urlaub am Meer sind, und über den Strand ins türkisfarbene Wasser schauen, oder sich einfach nur mit einem tollen Blumenstrauß belohnen. Es gibt jede Menge Bilder in der Natur, die wir uns gerne anschauen, die uns inspirieren oder beruhigen.

Wir laden Sie ein: Achten Sie doch einmal bewusst auf solche Momente, erinnern Sie sich und übertragen Sie einfach diese Lieblingsbilder in Farben in Ihren Wohnraum. Was kann da schon schief gehen?

Buntes Farbschema? Aber gerne!

Mögen Sie es bunt, haben aber die Befürchtung, dass der Raum im Chaos endet und Sie farblich erschlägt? Dann haben wir hier einige Tipps, wie Sie gekonnt mehrere Farben managen:

- Verwenden Sie maximal vier Farben, und zwar Farben die „Geschwister" sind, also auf dem Farbkreis nebeneinander liegen.
- Verbinden Sie bunte Räume mit demselben Boden. Ideal sind z.B. ein heller Holz- oder ein grauer Fußboden.
- Verbinden Sie bunte Räume mit derselben hellen Wandfarbe. Gut funktionieren weiße oder sehr helle Wände.
- Wiederholen Sie die Farben im Raum am besten an drei verschiedenen Stellen wie hier im Bild z.B. im Kissen, in der Vase und der Decke.
- Halten Sie sich mit Mustern zurück und bleiben Sie bei Blockfarben.

Schwarz-Weiß Farbschema – ein Klassiker!

Bei einem schwarz-weißem Farbschema geht es um das Spiel von Kontrasten – in allen Varianten. Diese machen den Raum spannend.

Hierzu einige Tipps die Ihren schwarz-weißen Raum zu einem Erfolg machen:

So gelingt ein schwarz-weißes Farbschema:

- Entweder Schwarz oder Weiß: Eine der beiden Farben sollte im Raum klar dominieren. Das geht am einfachsten mit allen großen Dingen im Raum einer Farbe, z.B. Schwarz – und allen Akzenten anders herum, in diesem Fall dann Weiß.
- Achten Sie bei der Wahl der Möbel auf einen Mix an Materialien. Diese sollen sowohl matt als auch glänzend sein. Unterschiedliche Materialien machen den Raum interessant.
- Größere Möbel sollten eher matte und kleinere Dinge wie Beistelltische, Regale, Pflanzentöpfe etc. eher glatte, glänzende Oberflächen haben. So bringen die Lichtreflexe Lebendigkeit in den Raum.
- Achten Sie bei der Dekoration besonders auf einen Materialmix von sogenannten warmen und kalten Materialien wie Leinen, Baumwolle, Seide, Wolle, Samt.
- Ein schwarz-weißes Farbschema eignet sich ideal für einen Mustermix. Mischen Sie Streifen und andere graphische Muster.
- Wenn eine Wand schwarz ist, lockern Sie diese mit weißen Fußleisten auf.

UNSER TIPP

Schwarz-weiße Farbschemen mit einer Akzentfarbe, wie z.B. Magenta oder Rot, in nur ganz geringen Mengen eingesetzt, wie nur mit einem Bild oder einer Vase, Blume oder Kissen, nehmen die Strenge.

Neutrales Farbschema – zeitlos und entspannend!

Neutrale Farbschemen sprechen die größtmögliche Gruppe von Menschen an. Sie sind zeitlos, passen zu jedem Stil und haben einen beruhigenden (Antistress-)Effekt.

Bei diesem Farbschema geht es darum, den Raum trotz nur „ruhiger" Farben interessant zu gestalten. Da dies nicht durch Farben geschieht, nutzen wir möglichst unterschiedliche Materialien um zu verhindern, dass ein Raum, der ausschließlich in neutralen Farben eingerichtet ist, langweilig wirkt.

Hierzu einige Tipps, die Ihr neutrales Farbschema gelingen lassen.

So gelingt ein neutrales Farbschema:

- Alle neutralen Farben lassen sich untereinander mischen.
- Mischen Sie mindestens drei verschiedene neutrale Farben miteinander.
- Alle Materialien lassen sich in diesem Farbschema untereinander mischen.
- Ein neutrales Farbschema wird durch einen Material- und Strukturmix bei Möbeln und Dekorationen interessant und spannend.
- Metallfarbene Dekorationen aus Chrom, Silber, Gold & Kupfer passen gut zu neutralen Farben und machen einen neutralen Raum elegant.
- Mischen Sie kräftige und sanfte neutrale Farben – das macht einen Raum interessant.
- Pflanzen beleben ein neutrales Farbschema.

AUF EINEN BLICK:

▎Die Kombination von Farben hängt von den eigenen Vorlieben ab.

▎Faustregeln helfen dabei, die Geschmäcker von mehr als einem Nutzer eines Zimmers erfolgreich harmonisch zu vereinen.

▎Fast alle Farben wirken je nach Kombinationspartner unterschiedlich. Manche Kombinationen bringen Farben zum Strahlen, andere lassen die Wirkung der Farbe weniger intensiv erscheinen.

▎Grau beeinflusst die Wirkung einer Farbe am wenigsten.

▎Farben haben einen Effekt auf unsere Stimmungen, deshalb passen unterschiedliche Farben besser zu bestimmten Räume als andere.

▎Die verschiedenen Zimmer werden zu unterschiedlichen Zwecken genutzt und daher passen bestimmte Farben besser als andere zu ihnen.

▎Farbschemen der Natur funktionieren immer und lassen sich deshalb wunderbar in Wohnbereichen kopieren.

▎Ein schwarz-weißes Farbschema ist ein Klassiker bei dem es auf Kontraste ankommt.

▎Neutrale Farbschemen sind zeitlos, gefallen generell der größtmöglichen Menge an Menschen und passen zu jedem Stil. Um sie interessant zu halten ist es notwendig Materialien, Strukturen und Farbnuancen miteinander zu mischen.

Und wie sieht es bei uns Autorinnen ganz persönlich aus? Hier verraten wir Ihnen unsere ganz persönlichen

Farben-Dreamteams!

IRIS LIEBLINGSPLÄTZE:

Ich lebe auf dem Land und wir haben ein Ferienhaus in England. An beiden Orten liebe ich Farbe um mich herum, aber vor allem wünsche ich mir eine Verbindung zur Natur zu haben. Ich arbeite deshalb an beiden Orten gerne dort wo ich dem Garten am nächsten bin.

WIEBKES LIEBLINGSORTE:

Ich mag die strengen Formen vom Kamin und der Decke. Sie sind einfach weiß gestrichen und wandeln mit dem Verlauf des Lichts ständig Farbe und Schatten. Im Abendlicht glüht alles orange. Trotzdem brauche ich drum herum noch meine persönlichen Dinge, die alle eine Geschichte erzählen…von Freunden, Familie und Urlauben. Ein paar natürliche Accessoires sind ein schöner Gegensatz zu den strengen Formen und die Bilder in Rottönen ziehen einen Farbfaden durch die gesamte Wohnung.

In unserem Ferienhaus in Mecklenburg-Vorpommern liebe ich das pure Sommergefühl.

6 BEI DEN EXPERTEN NACHGEFRAGT

Der Store Designer (Ladengestalter)

Joseph Johnson

ist seit vielen Jahren weltweit erfolgreich für verschiedenste namhafte Marken- und Lifestylefirmen (u.a. Donna Karan, Burberry, Esprit) im Bereich Visual Merchandising tätig. Wenn er keine Läden um- oder neugestaltet bereitet er unter dem Namen „edit home staging" europaweit Immobilien verkaufsfertig auf.

Joseph Johnson erzählt Iris Houghton warum die farbliche Gestaltung, sowohl von Läden als auch von Immobilien, einen so großen Einfluss auf den Verkaufserfolg hat.

Iris Houghton (IH): Herr Johnson, lieben Sie Farben?
Joseph Johnson (JJ): Es mag Menschen überraschen die meine Arbeiten kennen, aber, ja, das tue ich. Sehr sogar. Ich tendiere allerdings mehr zu dunkleren, stimmungsvollen Farben und bin weniger ein Fan von Pastellfarben oder intensiv leuchtenden Farben. Meine Lieblingsfarben sind definitiv Farben die sich in der Natur wieder finden.

IH: Welches sind ihre ganz persönlichen Lieblingsfarben?
JJ: Dunkle Brauntöne, verschiedenste Grauvarianten, Beige, dunkles Kobaltblau, Erdfarben wie Schlamm, Sand, Stein, Schiefergrau...

IH: Sind diese unterschiedlich wenn Sie im Store und Wohnbereich arbeiten?
JJ: Ja, total. In der Ladengestaltung bestimmt das Produkt die Farbvorgabe, egal ob es sich um Textilien oder um Fahrräder handelt. Wenn ich im Wohnbereich arbeite, versuche ich, dass Farbe eine eher untergeordnete Rolle spielt. Dies ist beim Styling eine persönliche Wahl, beim Home Staging dagegen eine professionelle Notwendigkeit. Beim Styling und Storedesign trifft aber letztendlich der Kunde die Entscheidung über das was er möchte.

IH: Welches sind die wichtigsten Aspekte bei der Farbwahl, wenn Sie ein Design für einen Store entwickeln?

JJ: Die wichtigsten Kriterien sind das Produkt und die direkte Umgebung. Alles muss zusammen passen und am Ende einen harmonisch visuell gestalteten Bereich ergeben der zum Kaufen einlädt.
Ich sehe mir daher immer erst einmal das Produkt ganz genau an. Was soll verkauft werden? Danach das Image der Marke und die Werte die dahinter stehen und am Ende wer als Kunde angesprochen werden soll. Natürlich können dann bei z.B. einer jungen, weiblichen Marke wie Miss Sixty sehr viel mehr knallige Farben und Muster verwendet werden, als z.B. bei einer Bekleidungsmarke wie Zegna die auf männliche und seriösere Kundschaft ausgerichtet ist.
Zusammengefasst: das Image der Marke, das Produkt und die Zielkundschaft bestimmen wie viel und welche Farben bei einer Ladengestaltung von mir eingesetzt werden.

IH: Werden Farben durch die Firmen vorgegeben?

JJ: Ja, Farben sind ein wesentlicher und wichtiger Teil sowohl für die Wiedererkennung einer Marke als auch für ihr Image. Aus diesem Grund wird eine farbliche Gestaltung in so gut wie allen Projekten zumindest teilweise vorgegeben.

IH: Gibt es besonders „verkaufsfördernde" Farben beim Store Design?

JJ: Ob Sie es glauben oder nicht, aber Farbe ist der Aspekt nach dem Käufer am meisten ihre Produkte auswählen – auch wenn es ihnen oft nicht bewusst ist.
Farbe löst in einem Verkaufsumfeld wie z.B. einem Laden Gefühle aus und beeinflusst Kaufinteressenten entweder mehr oder weniger zu kaufen. Warme Farben wie Orange- und Brauntöne werden als einladend und ermutigend erlebt, Blau- und Grüntöne haben einen beruhigenden Effekt, was auch der Grund ist, dass viele Bade- und Lingerieläden in diesen Farben gestaltet sind. Intensive Farben wie Gelb und Rot lenken die Aufmerksamkeit auf die Dinge und steigern definitiv die Verkaufszahlen, deshalb sind auch die „Angebot" & „Ausverkauf"-Zeichen in diesen Farben.

IH: Sie arbeiten ja auch sehr erfolgreich als Home Stager und haben einen tollen Ruf für außergewöhnliche Wohnkonzepte. Wie entscheiden Sie hier welche Farben Sie verwenden?

JJ: Ich erfrage hier zuerst immer die gewünschte Käuferzielgruppe und sehe mir dann die Immobilie an. Beides hat einen großen Einfluss auf meine Farbwahl. Generell kann man sagen, dass ich mich bei hochpreisigen Immobilien auf getrübte Farben beschränke und mich darauf konzentriere, dass die Oberflächen der Möbel und Accessoires interessant sind und einen Eindruck von Luxus geben. Bei kleineren, mittelpreisigen Immobilien dagegen, verwende ich oft eine einzige bunte Farbe innerhalb eines sonst neutral gehaltenem Farbschemas, um ein interessantes Flair in eine oft „normale" oder gewöhnliche Immobilie zu bringen.

IH: Hat der „Wohlfühlfaktor" Einfluss im Storedesign?

JJ: Oh, auf jeden Fall. Ein Kunde wird immer sehr viel lieber einkaufen und auch wiederkommen, wenn er oder sie das gesamte Einkaufserlebnis als positiv erlebt hat. Dies beinhaltet das Erleben aller Sinne: vom Geruch zu Sound, das Anfassens und der optischen Aufbereitung – und natürlich der erlebten Farben! Alle diese Dinge machen das gesamte Einkaufserlebnis aus – von den glänzenden Ladenfronten, zu leuchtenden Zitronen, Äpfeln und Orangen, zu Brot backen, Kaffeeduft, sanfter Musik im Hintergrund etc. Das gesamte Umfeld ermutigt Sie mehr – und manchmal mehr als geplant – einzukaufen.

Die Visagistin und Fotografin

Tanja Meuthen Copertino

arbeitet international unter ihrem Firmennamen AWAKENbeauty als Visagistin, Fotografin und Trainerin nach dem Motto: „Jeder Mensch ist schön!" Als Visagistin ist ihr wichtig, dass sich Menschen in der eigenen Haut wohlfühlen. Sie arbeitet daher täglich mit einer großen Palette an Farben. Als Fotografin ist ihr Leitsatz: An „unfotogen" ist immer der Fotograf schuld und „jeder Mensch hat ein Recht auf schöne Fotos".

Iris Houghton (IH) im Gespräch mit Tanja Meuthen Copertino (TMC) die in Ihrer Karriere schon oft „perfekte Gesichter" bei professionellen Modellen geschminkt hat und nun Frauen jedes Alters zeigt, wie schön sie sind.

IH: Frau Meuthen Copertino, lieben Sie Farben?

TMC: Lassen Sie es mich mit dem Gründer des Bauhauses Walter Gropius sagen: „Bunt ist meine Lieblingsfarbe" und ich würde ergänzen: „Man muss ja nicht alle auf einmal tragen" ;-). So viele Frauen kleiden und schminken sich leider auf Nummer sicher und tragen viel Schwarz und im Gesicht Lippenstifte in dezenten Tönen. Dabei kann man mit gezielt eingesetzter Farbe so viel erreichen.

IH: Als Visagistin machen Sie Menschen schön. Spielt Farbe dabei eine große Rolle?

TMC: Ja, aber nicht so, wie ich es oft bei Farb- und Stilberatungen erlebe. Ich glaube, dass jede Frau jede Farbe tragen kann. Es kommt nur immer darauf an wie und an welcher Stelle. Als Beispiel zieht Ihnen die falsche Farbe in der Kleidung, sprichwörtlich die Farbe aus dem Gesicht. Steuert man da mit den entsprechenden Make-up Farben gegen, entsteht wieder ein Gleichgewicht.

IH: In welcher Weise haben Farben einen Einfluss auf das Make-up einer Frau? Gibt es Regeln die eine Frau unbedingt beachten sollte?

TMC: Ganz wichtig ist es, das Gesamtbild zu betrachten. Dabei spielt auch die Kleidung und die Haarfarbe eine Rolle. Diese Komponenten sollten zusammen mit dem Make-up ein Gleichgewicht bilden.

IH: Welche Wirkung haben Farben im Gesicht einer Frau? Kann sich das Gesicht durch den Einsatz von Farben stark verändern? Machen schon kleine Dinge große Unterschiede?

TMC: Das trifft häufig zu, wenn die Foundation zu dunkel gewählt wird oder sich Augen, Wangen und Lippen durch zu viel Farbe gegenseitig Konkurrenz machen. Der Fokus sollte immer auf dem Bereich liegen, den die Frau an sich besonders mag. Die Technik ist dabei viel entscheidender, durch diese kann das Make-up bis zu 15 Jahre jünger wirken, oder man kann 10 Kg optisch wegmogeln. Einfach nur durch die richtig platzierte Farbe.

IH: Gibt es Make-up Wohlfühlfarben für Frauen?

TMC: Das ist so individuell wie jede Frau und vor allem jeden Tag unterschiedlich. Dabei spielt nicht nur die Jahreszeit eine entscheidende Rolle, sondern erstaunlicherweise auch die psychische Verfassung. Wer sich mit diesem Thema mehr beschäftigen möchte, dem empfehle ich den Lüscher Farbtest zu machen.

IH: Gibt es eine Farbe die allen Frauen steht?

TMC: Als Fotografin weiß ich: Weiß! Da diese Farbe das Licht reflektiert und damit nicht nur das Gesicht gleichmäßiger erscheinen lässt, sondern auch Linien und Falten einfach wegbügelt. Allerdings nur, wenn man wieder das Gleichgewicht beachtet und Make-up und Haarfarbe entsprechend abstimmt. Dies setze ich auch immer wieder gezielt bei meinen Fotoshootings ein. Es gibt übrigens auch eine Farbe, die KEINER Frau steht: Schlamm.

IH: Sollten die Make-up Farben der Kleidung angepasst werden oder sollte es besser anders herum sein?

TMC: Da spielt auch wieder das Gleichgewicht aus Haar, Gesicht und Kleidung die entscheidende Rolle. Ich nenne das die Dominanz der Farbe, wie ich es auch in meinem Buch „Makeup BEAUTIST®" beschreibe. Hat die Frau kupferrote Haare, ist diese Farbe im Gesamtergebnis so dominant, dass ich alles andere danach ausrichte.

IH: Setzen Sie bei Ihren Make-ups häufig Trendfarben ein?

TMC: In der Regel nicht, da ich bei meinen Make-up Beratungen auf ein individuelles Make-up ziele. Entscheidet sich die Kundin dann aber für ein leuchtend orangefarbenes Kleidungsstück, weil es gerade im Trend ist, muss sie hier auch wieder der Dominanz folgen und das Make-up, in diesem Fall wahrscheinlich den Lippenstift, entsprechend abstimmen.

IH: Sollten die Make-up Farben sich ändern wenn eine Frau älter wird, oder sind die „richtigen" Farben ein lebenlang optimal?

TMC: Je älter die Kundin wird, desto kräftiger sollte die Lippenstift Farbe gewählt werden, ein kleiner Trick, den man auch bei vielen Hollywood Schauspielerinnen beobachten kann. Rot und Pink schenken oft 10 Jahre. Die Kundinnen sollten mutiger sein!

IH: Wie lassen Sie sich farblich inspirieren?

TMC: Ich bin mir des psychologischen Einflusses der Farben sehr bewusst und lasse immer wieder modische Aspekte und das aktuelle Farbspiel der Natur in meine Make-ups einfließen.

IH: Haben Sie einen farblichen Geheimtipp für uns?

TMC: Probieren Sie einmal ein dunkles Aubergine mit hohem Blauanteil. Sowohl in der Kleidung, als auch im Lidschattenbereich. Hier lässt es die Augenfarbe unglaublich leuchtend erscheinen und sieht immer elegant aus. Oft reicht schon ein Tuch in dieser Farbe.

Der Lichtexperte
Ralf Kowalewski

von der Firma Licht Bazar in Bochum stellte sich spontan während einer Einkaufsberatung Wiebke Rieck für ihre Fragen zur Verfügung, und erzählt hier warum es sich lohnt, in das Thema Beleuchtung ein wenig Zeit zu investieren und mit einer guten Beratung den gewünschten Lichteffekt in einen Raum zu zaubern.

Wiebke Rieck (WR): Herr Kowalewski, ich kenne Ihren Licht Bazar schon seit ich ein Kind bin. Was hat sich in den letzten 30 Jahren verändert, wenn wir an die Wohnraumbeleuchtung denken?
Ralf Kowalewski (RK): Die wichtigste Veränderung der letzten Jahre sind die neuen Leuchtmitteltechniken gewesen. Zur Zeit befinden sich die Energiesparlampen, aufgrund ihrer vielen Nachteile, auf dem Rückzug und das LED-Leuchtmittel verdrängt diese und die alten Glühlampen immer mehr.

WR: Warum ist es so, dass Räume bei unterschiedlichen Lichtquellen anders wirken?
RK: Das hängt nicht, wie viele Menschen glauben, mit der Lichtstärke der Leuchtmittel allein zusammen, sondern vielmehr mit der Lichtfarbe, in der sie leuchten. Es gibt warmweiße und kaltweiße Leuchtmittel, sowohl bei Energiespar-, als auch bei LED-Leuchtmitteln.

WR: Wie wirken sich die unterschiedlichen Leuchtmittel auf die Farben im Raum aus?
RK: Kaltweiße Leuchtmittel machen einen Raum nüchterner, schaffen Arbeitsatmosphäre. Warme schaffen Wohlfühlambiente. Aber die Lichtfarbe ist nur eines der Parameter, welches die Wirkung bestimmt.

WR: Sollte man spezielle Leuchtmittel in farbigen Räumen verwenden?
RK: Ja, denn es gibt noch den Farbwiedergabeindex (Ra) zu beachten. Dieser sollte bei, in farbigen Räumen verwendeten Leuchtmitteln, mindestens bei 90 liegen. Zum Vergleich: Halogenlicht hat eine Ra von 100 und damit die Farbwiedergabe von Sonnenlicht.

WR: Sollte die Beleuchtung in einem Raum je nach Jahreszeit (Sommer und Winter) unterschiedlich sein? Denn die Materialien und Farben die im Raum sind, sind ja häufig auch unterschiedlich.

RK: Es kommt weniger auf die Jahreszeit und die Materialien an, als auf die Frage, welche Lichtstimmung Sie erzielen wollen.

WR: Heutzutage kommt man ja gar nicht mehr mit den technischen Neuerungen hinterher. Was für Lichtquellen würden Sie empfehlen? Zum Beispiel für verschiedene Raumsituationen: ein Schlafzimmer, ein Wohnzimmer, ein Kinderzimmer, eine Küche, ein Bad?

RK: Ich würde für Schlafzimmer und Wohnräume ein wärmeres Licht, z.B. 2700 Kelvin Lichtfarbe und für Funktionsräume wie Küche oder Bad 3000 - 4000 Kelvin, das heißt kälteres, weißeres Licht, bevorzugen. In Kinderzimmern fällt immer wieder auf, dass insgesamt zu wenig Licht von den Leuchtmitteln abgegeben wird.

WR: Unser Buch heißt „Wohlfühlfaktor Farbe". Gibt es bestimmte Leuchtmittel, die Sie empfehlen, wenn jemand eine gemütliche Raumstimmung haben möchte?

RK: Ja, achten sie auf die Lichtfarbe 2700 Kelvin und Ra mindestens 90. Die Angaben finden sie auf vielen Leuchtmittelverpackungen.

WR: Wie viel Lichtquellen empfehlen Sie pro Raum?

RK: In Fluren, Küchen und Schlafzimmern reicht meist eine Lichtquelle. In einem Wohnraum sollten mehre Lichtquellen vorhanden sein. An der Decke ein sehr helles Licht, das den ganzen Raum beleuchten kann, und vielleicht Wand- bzw. Standleuchten, die ein gemütliches Licht abgeben. Gegebenenfalls sollte dort auch eine Leseleuchte, die nicht zu warmes Licht nur auf den Leseplatz abgibt, ergänzt werden. Das empfehle ich auch dringend für Arbeitsräume und Schreibtische.

WR: Wie sieht es mit den Preisen für Anschaffung und Verbrauch aus?

RK: Die Preise für LED-Leuchtmittel fallen gerade stark, so dass es sich immer mehr lohnt diese einzusetzen. Aber an Stellen, an denen das Licht nur kurze Zeit am Tag leuchtet, sollte man den Einspareffekt nicht überschätzen. Überdies macht der Verbrauch der Beleuchtung insgesamt nur 10-15% einer Stromrechnung in Privathaushalten aus.

WR: Gibt es abschließend noch einen Tipp?

RK: Lassen Sie sich in einem Lichtfachgeschäft beraten. Dort finden Sie fast immer kompetente Ansprechpartner für alle Fragen. Und wie immer im Leben: Suchen Sie nicht das billigste Produkt, sondern das Beste für Ihre Wünsche. Dann werden Sie an Leuchte und Leuchtmittel jeden Tag viel Freude haben.

Die Wohnpsychologin

Dr. Barbara Perfahl

ist als Wohnpsychologin in Rosengarten, in der Nähe von Hamburg, tätig. Dort hilft die gebürtige Österreicherin Menschen in allen Belangen dabei, sich im eigenen Umfeld rundherum wohl zu fühlen. Sie ist Autorin des Buches „Ein Zuhause für die Seele – In fünf Schritten zum Wohlfühlzuhause".

Iris Houghton (IH) im Gespräch mit der Psychologin Frau Dr. Perfahl (BP), die sich seit einigen Jahren als Wohnpsychologin um alle Wohlfühlbelange im unserem privatem Umfeld kümmert.

IH: Frau Dr. Perfahl, als Wohnpsychologin beraten Sie Menschen die sich aus den verschiedensten Gründen in ihren Räumen nicht (mehr) wohlfühlen oder die eigenen Räume so gestalten wollen, dass sie sich gerne in ihnen aufhalten. Spielt die Farbwahl bei dem angestrebten Wohlfühlfaktor eine große Rolle?

BP: Auf jeden Fall spielt Farbe immer auch eine wichtige Rolle. Farben beeinflussen uns ja auf verschiedenen Ebenen, bis hin zu körperlichen Parametern. Farben haben Einfluss auf unsere körperliche Aktivierung, sie können uns anregen oder auch beruhigen. Der Einfluss von Farben geht so weit, dass sie die gefühlte Raumtemperatur beeinflussen können – ein blauer Raum kann sich viel kühler anfühlen, als ein roter. Und Farben lösen oft ganz direkt eine emotionale Reaktion beim Betrachter aus – positiv oder negativ. Nicht zuletzt haben Farben auch eine symbolische Bedeutung. So ist Rot zum Beispiel die Farbe der Liebe, aber auch die des Hasses, des Adels oder auch des Verbotenen. Auch über diese Ebene können Farben also Einfluss darauf nehmen, ob wir uns in einem Raum wohlfühlen oder nicht.

IH: Auf was raten Sie bei der Farbwahl für Wohnräume am stärksten zu achten?

BP: Das wichtigste sind individuelle Vorlieben. Wenn ich eine Farbe nicht leiden kann, sollte ich sie auch auf keinen Fall verwenden. Abgesehen davon sollte man auf folgende Punkte achten: Wofür wird ein Raum genutzt? Wie stark aktiviert oder beruhigt eine Farbe, die ich wähle? In welche Himmelsrichtung liegt der Raum? Einen sehr sonnigen Raum noch gelb zu streichen, kann zu viel des Guten sein. Und nicht zuletzt ist es wichtig, die Raumproportionen mit zu beachten, also wie ist die Deckenhöhe und welchen Grundriss hat ein Raum, da Farben die Wahrnehmung von Proportionen stark verändern können – vor allem, wenn man sie großflächig einsetzt.

IH: Muss Ihrer Erfahrung nach eigentlich immer gleich alles in einem Raum geändert werden, oder reichen auch schon kleinere Dinge?

BP: Das ist ein Punkt, der mich bei meiner Arbeit immer wieder fasziniert: Dass man häufig bereits mit kleinen Veränderungen die Wirkung eines Raumes stark verändern kann! Das betrifft auch die Farbe. Man muss nicht unbedingt einen neuen Boden verlegen, um eine andere Raumwirkung zu bekommen, es reicht meist ein andersfarbiger Teppich. Und man muss auch nicht immer einer oder mehreren Wänden einen neuen Anstrich verpassen. Bereits einige neue Accessoires in der gleichen Farbe lassen einen Raum anders wirken. Das bedeutet, dass man gerade auch mit Farben gut experimentieren kann, da es ganz einfach ist, zum Beispiel ein paar Kissen und Bilder auszutauschen, um Farben auszuprobieren.

IH: Gibt es bei der Farbauswahl für Wohnräume geschlechtsspezifische Unterschiede – sprich, wollen Männer und Frauen in unterschiedlichen Farben leben?

BP: Das kann man nicht verallgemeinern, aber in der Tendenz richten sich Männer häufiger als Frauen ganz neutral ein, also mit Weiß, Schwarz, Glas und Metall und Frauen wohnen häufiger als Männer farbbetont.

IH: Haben Sie einen Rat für Familien, bei denen die einzelnen Personen ganz unterschiedliche Farbwünsche haben?

BP: Generell ist es für die Wohnzufriedenheit aller wichtig, dass jedes Familienmitglied einen eigenen Raum hat, den er ganz nach seinen eigenen Vorstellungen gestalten kann – zumindest aber einen eigenen kleinen Bereich in der Wohnung, zum Beispiel eine Zimmerecke. Dort kann er dann auch seine Lieblingsfarben bei der Gestaltung einsetzen. In Gemeinschaftsräumen sollten die Farben allen wirklich gut gefallen. Im Zweifelsfall sollten große Flächen daher eher neutral gehalten werden. Denn nichts ist schlimmer, als sich täglich in Räumen aufhalten zu müssen, deren Farben man nicht leiden kann.

IH: Wird in der Stadt mit anderen Farben als auf dem Land gelebt?

BP: Auch das lässt sich nicht pauschal sagen. Mein Eindruck ist aber schon, dass die Menschen in der Stadt häufig ein größeres Bedürfnis haben, sich die Natur ins Haus zu holen, also in gewisser Weise eine größere Sehnsucht nach Grün und Naturfarben haben.

IH: Und wie ist es bei Kinder- und Jugendzimmern? Ist erlaubt was gefällt oder gibt es Farben von denen Sie aus psychologischer Sicht abraten würden?

BP: Kinder lieben es oft bunt. Wichtig ist aber gerade auch beim Kinderzimmer, dass die Kinder bei der Farbgestaltung mitreden dürfen. Auch Kinder haben ganz klar Lieblingsfarben und das muss nicht immer Blau bei Jungs oder Rosa bei Mädchen sein. Jugendliche lassen sich dann oft gar nicht mehr viel reinreden bei der Gestaltung ihres Zimmers und das hat auch eine wichtige Funktion. Die Aneignung des Raumes, diesem den eigenen Stempel aufzudrücken, ein klares Gefühl dafür zu bekommen, wie man seine Umgebung gestalten möchte und vor allem sich von den Erwachsenen abzugrenzen, sind Entwicklungsaufgaben im Jugendalter. Da kann dann schon einmal die Tapete schwarz übermalt werden.

IH: Und wie ist es bei Ihnen? Lieben Sie Farben?

BP: Ich liebe Farben sehr! Ich kann mich an einzelnen Farben oft gar nicht sattsehen, das ist manchmal nur eine einzige Blüte oder ein kleiner Gegenstand, dessen Farbe mich fesselt. Beim Einrichten setze ich Farben aber eher sparsam und sehr gezielt ein – am liebsten habe ich Räume mit ganz viel Weiß, in denen dann einzelne farbige Gegenstände stark zur Geltung kommen. Eine einzige feuerrote Blume in einem fast ganz weißen Raum kann eine unglaubliche Wirkung entfalten. Außerdem kann ich Räume so auch schnell verändern – je nach Laune mal mit mehr, mal mit weniger Farbe.

IH: Haben Sie eine Lieblingsfarbe?

BP: Ja, meine Lieblingsfarbe ist Violett. Ein kräftiges, eher dunkles Violett. Das ist sozusagen meine Wohlfühlfarbe.

7 SERVICEKAPITEL

Eine Wand streichen? So funktioniert es!

Eine Wand streichen? Das ist doch einfach, oder? Allen, die es noch nie gemacht haben, möchten wir sagen: keine Sorge, das ist es wirklich! Farbige Wände können Räume dramatisch verändern, und das in kurzer Zeit und mit wenig finanziellem Einsatz. Beachten Sie die Tipps und streichen wird ganz einfach und macht Spaß.

Auf geht es… Wir führen Sie in diesem Kapitel von Anfang bis Ende durch den gesamten Vorgang. Unser Leitsatz zu Beginn ist: „Bereite Deine Baustelle gut vor!" Nichts rächt sich mehr, als wenn Sie Hals über Kopf, ohne ausreichende Vorbereitung, beginnen. Wir wissen wovon wir reden, denn Geduld ist nicht unsere Stärke. Wir beide möchten immer schnell Ergebnisse sehen. Im Laufe der Zeit haben wir aber gelernt, dass es sich lohnt, ein wenig Zeit in die Vorarbeit zu stecken, denn dann wird das Ergebnis umso schöner.

Wir beginnen wieder Schritt für Schritt:

- Zuerst mit der Menge der benötigten Farbe. Messen Sie aus wie groß die Fläche ist die Sie streichen möchten. Dazu nehmen Sie die Breite und die Höhe der Fläche und multiplizieren beide Werte miteinander. Sollten Sie in der Wand ein Fenster oder eine Tür haben, ignorieren Sie diese ruhig. Es ist gut etwas Puffer zu haben, und Fenster haben Leibungen, die auch gestrichen werden müssen.
- Als nächstes sehen Sie sich den Untergrund der zu streichenden Fläche an.
- Wenn bereits eine Tapete vorhandene ist: um was für eine handelt es sich? Ist es eine gut überstreichbare Raufaser, oder eine Grastapete, die viel Farbe aufsaugen wird?
- Gibt es sonst noch andere Probleme? Ist die Tapete schon mehrfach überstrichen worden, so dass befürchtet werden muß, dass sie bei der nächsten Farbschicht von der Wand fällt?
- Oder haben Sie eine beschädigte Tapete, die keinen schönen Untergrund mehr abgeben würde – oder eventuell eine Strukturtapete, die sich gar nicht überstreichen lässt? Dann muß diese vorher entfernt werden! (Auch Schäden in der Wand selbst müssen vorher beseitigt werden und gut getrocknet sein.)

Grasfaser- und ähnliche Tapeten saugen sehr viel Farbe auf. Streichen Sie solche Untergründe zuerst mit Tiefengrund. So stoppen Sie nicht nur die Schwammwirkung, sondern bekommen auch eventuell abstehende Fasern in den Griff.

Wenn Sie ein Stück Wand streichen möchten, an der vorher ein Schrank stand, finden Sie häufig die Situation, dass eine neue Tapete um den Schrank herum geklebt wurde und es einen unschönen Übergang zur vorherigen Tapete gibt. Unser Vorschlag: wenn Ihnen beide Tapeten in ihrer Struktur gefallen, begradigen Sie den Übergang und kleben Sie eine schöne Leiste darüber. Die gibt es im Baumarkt oder Internet, z.B aus Styropor in verschiedenen Breiten und Formen. Ein Beispiel sehen Sie auf Seite 233. (Grüne Flurwand)

- Welche Farbe hat die vorhandene Wand? Ist sie bisher dunkel und soll heller werden? Dann brauchen Sie eine wesentlich grössere Farbmenge, da Sie mehrfach streichen müssen.
- Oder haben Sie vielleicht gar keine Tapete und wollen die Wand direkt streichen? Dann empfehlen wir Ihnen erstmal zu testen wie streichfähig die Wand schon ist. Nehmen Sie hierzu ein Stück Klebestreifen, drücken es auf die Wand und ziehen es zügig ab: ist Staub oder alte Farbe daran? Dann müssen Sie diese höchstwahrscheinlich vorher entfernen und die Wand mit einem Tiefengrund vorstreichen, damit die Farbe nicht wie mit einem Schwamm weggesaugt wird.
- Wenn Sie sich nicht sicher sind, machen Sie einfach ein Foto und fragen Sie Ihren Farbenhändler.
- Nun geht es an die Auswahl der Farbe – und wir meinen hier nicht den Farbton, sondern die Sorte der Farbe. Was soll es sein? Sie werden sehr wahrscheinlich gefragt werden: „Möchten Sie Dispersions- oder Latexfarbe?"

| Dispersionsfarbe ist die am meisten verwendete Farbe. Wenn sich diese schon auf der Wand befindet, dürfen Sie einfach darüberstreichen. Sie ist recht robust.
| Latexfarben sind spezielle Farben für stark beanspruchte Wandflächen. Sie sind Wasserabweisend, scheuer- und abriebfest, sehr strapazierfähig, eignen sich sehr gut für Küchen und Flure.
| Latexfarbe gibt es in unterschiedlichen Glanzgraden, ist aber nur mit Latexfarbe überstreichbar und wenn man sie mal komplett entfernen will, steht man vor einer Herausforderung. Da Latexfarbe keine Feuchtigkeit durchlässt, muß man sie mit Nadelrollen bearbeiten und durchlöchern.
| Vielleicht klingt Latexfarbe genau nach etwas, nachdem Sie suchen? Sie sollten sich aber klar machen, dass sie verhindert, dass Feuchtigkeit in keiner Richtungen durchlässig ist, und diese Tatsache eventuell für die bauliche Substanz der Wand ungünstig ist, falls diese (noch) nicht komplett ausgetrocknet oder etwas feucht ist.
| Möchten Sie Spezialfälle wie Kalk-, Leim-, Lehm- und Silikatfarben verwenden, empfehlen wir Ihnen sich von einem Fachhändler über die Eigenschaften sowie Vor- und Nachteile beraten zu lassen.
| Einkauf: Schauen Sie beim Farbkauf auf dem gewählten Eimer nach, wie viele qm Fläche Sie damit streichen können. Kalkulieren Sie, dass Sie höchstwahrscheinlich 2 mal streichen müssen, bei vorhandenen dunklen Wänden, die hell werden sollen. Es sollte zunächst weiß gestrichen werden, sonst ist die Leuchtkraft der neuen Farbe beeinflusst. Kaufen Sie lieber etwas zu viel, als zu wenig Farbe ein, sonst laufen Sie am Ende Gefahr, dass der Anstrich fleckig wird, da Sie an der Farbe sparen mussten. Außerdem ist es immer günstig ein bisschen Farbe für Ausbesserungsarbeiten übrig zu haben.

Besorgen Sie gleichzeitig auch die folgenden Dinge:

1. Abdeckfolie für die Möbel, Malervlies oder Malerkrepp für den Boden
2. Abdeckvlies
3. Kreppband zum Abkleben (Frogtape für Raufaser, siehe Abbildung S. 261 rechts)
4. Ein Schneide- bzw. Cuttermesser
5. Einen Umrührstab oder einen Quirl für die Bohrmaschine
6. Eventuell einen „Marsmännchen"-Staubanzug, als Schutzkleidung gegen Farbspritzer
7. Ein Abstreichgitter und/oder eine
8. Farbschale
9. Einen großen Heizkörperpinsel, einen kleinen Pinsel, Farbrollen (Material entsprechend der Farbe) und Verlängerungsteile für Rollen

Kreppband gibt es in verschiedenen Maßen. Sparen Sie nicht, nehmen Sie lieber das breitere.

Frogtape ist für gerade Kanten auf unebenen Tapeten.

Farbe lässt sich normalerweise gut mit der Hand umrühren. Einen Bohrmaschinenquirl empfehlen wir aber, falls Sie weiße Farbe mit Abtönfarbe selbst anmischen möchten. Mit dem Bohrmaschinenquirl bekommt man diese Arbeit wesentlich gleichmäßiger und kraftsparender hin.

Das war der Einkauf. Beim Lesen klingt dieser Vorgang schon nach einer großen Aufgabe. Wir versprechen hnen aber, dass, so gut vorbereitet, Sie die Einkäufe schnell erledigen können, und es mit dem Streichen losgehen kann.

Weiter geht es mit den nächsten Schritten:

- Räumen Sie zunächst einmal großzügig die Wand und das Umland darum frei, denn nichts ist beim Streichen hinderlicher als über Dinge zu stolpern.
- Decken Sie danach die Möbel mit der Folie ab und stopfen Sie die Überhänge unter die Möbel. Diese Folien sind sehr dünn, so dass sie sonst gerne bei jedem Luftzug wegfliegen.
- Nehmen Sie den Malerfilz oder Abdeckpapier und belegen den Boden damit. Wenn notwendig kleben Sie die Bahnen aneinander. Benutzen Sie für den Boden keine Folie, denn diese zerreißt sehr leicht, und mit Sicherheit wird Ihnen irgendwann Farbe heruntertropfen, in die Sie unbewusst hineintreten. Vermeiden Sie auch mit den dreckigen Schuhen durch das Zimmer zu gehen.
- Kleber Sie nun akribisch alles ab, das nicht gestrichen wird, wie die Fensterrahmen und Fußleisten.

- Schalter und Steckdosen montieren Sie am besten ab. Nehmen Sie dazu unbedingt vorher die Sicherung heraus und lassen sie diese draußen solange Sie mit einem nassen Pinsel streichen.
- Nun kleben Sie die Grenzen der Farbe ab. Möchten Sie bis unter die Decke und in die Ecken streichen, oder einen dekorativer Rand stehen lassen? Achtung: Bei Raufaser läuft die Farbe gerne unter das Kreppband – deshalb Frogtapete verwenden für saubere Kanten.

Das hört sich nach viel Arbeit an? Sicher geht es auch ohne diesen ganzen Kram? Auch wir sind keine Fans der Vorarbeiten – wissen mittlerweile aber, wenn sie ordentlich ausgeführt werden, sparen Sie im Nachhinein eine Menge Putzzeit.

- Öffnen Sie den Eimer und rühren die Farbe noch einmal kräftig um. Wenn die Farbe frisch angemischt wurde, ist dies nicht notwendig.
- Stecken Sie das Gitter in den Eimer, oder Sie füllen sich etwas Farbe in die Farbschale.
- Jetzt nehmen Sie den Pinsel in die Hand und streichen an allen Rändern, die Sie gerade abgeklebt haben, entlang. Ein Streifen von 5 - 7cm ist ausreichend.
- Nun kommt sofort die Farbrolle zum Einsatz. Machen Sie hier keine Pause. Die Farbränder müssen dazu noch nass sein.
- Nehmen Sie dazu die Verlängerung (die Teleskopstange), dann brauchen Sie nicht ständig auf der Leiter rauf und runter zu klettern und die Farbe läßt sich so besser verteilen.
- Tauchen Sie die Rolle nicht komplett im Farbeimer unter, sondern benetzen Sie nur den Flausch und streichen dann am Gitter zuviel Farbe ab.
- Streichen Sie jetzt in langen Zügen zunächst von oben nach unten, danach noch einmal von links nach rechts. Beginnen Sie am besten am Fenster.
- Wenn der erste Anstrich an der Wand ist, ist es Zeit für eine wohlverdiente Pause. Trinken Sie in Ruhe einen Kaffee. In der Zwischenzeit sollte die Farbe soweit leicht angetrocknet sein, dass Sie ein zweitesmal streichen können.
- Verzweifeln Sie nicht wenn das Zwischenergebnis zunächst etwas scheckig aussieht. Nachdem die Wand trocken ist, ist sie meistens gleichmässig schön. Falls nicht, müssten Sie einen weiteren Anstrich machen.

- Die Klebestreifen entfernen Sie am besten wenn die Farbe noch feucht ist, sonst reißt die Farbe ab.
- Öffner Sie die Fenster, damit die Farbe gut trocknen kann und eventuelle Ausdünstungen aus dem Raum gelüftet werden.
- Achtung: Falls Sie auch die Decke streichen möchten, sollten Sie auf jeden Fall damit beginnen.

Wichtig: Falls Sie sich Ihren Farbton speziell anmischen lassen, sollten Sie sich unbedingt die genaue Bezeichnung aufbewahren und am besten auch das Geschäft notieren in dem Sie diese gekauft haben. Fast immer gibt es eine Art Farbcode, mit dem Farbe nachgemischt werden kann. Auf Nummer sicher gehen Sie hier, wenn Sie im selben Geschäft nachkaufen.

Selbermachen macht Spaß!

Mit wenig Geld günstige Deko erstellen

Sie haben Ihre Wohlfühlfarben gefunden – nun möchten Sie direkt ans Werk gehen und merken, dass Sie überhaupt keine oder nur wenig passende Dekorationen haben.

Natürlich haben Sie jetzt die Möglichkeit ausgiebig shoppen zu gehen oder im Internet zu bestellen, wir gehen aber gerne einen anderen Weg. Wir lieben es vorhandene Dinge zu nutzen und wenn gewünscht farblich aufzubereiten.

Durchstöbern Sie deshalb einmal Ihre eigenen vier Wände. Wir sind uns sicher, dass Sie dort das eine oder andere Stück finden, das zwar eine schöne Form, aber die falsche Farbe hat, oder einfach etwas abgenutzt ist und in einer trendigen Farbe wieder so richtig zum Lieblingsstück wird.

Wonach könnten Sie suchen? Nach allem was Ihnen aus irgend einem Grund einmal Freude bereitet hat: Urlaubsmitbringsel oder Erinnerungen an die Kindheit, von Omas Tonkrug bis hin zum Spielzeugplastikpferd, oder auch die alte praktische Kiefernholzkommode oder ein alter Stuhl – es ist erstaunlich, welchen Effekt eine neue Farbe dem gutem alten Stück geben kann. Wir lieben solche Dinge, denn sie sind Unikate, Teil unserer Geschichte und drücken oft viel mehr unsere Persönlichkeit aus als etwas neu Gekauftes.

Auf geht es zum Stöbern im eigenen Haus... Lassen Sie sich überraschen!

Hier zeigen wir Ihnen ein paar Beispiele zum Selbermachen von Deko:
LACKIEREN MIT SPRÜHDOSEN: **BEISPIEL ALTE VASE**

Was gibt es zu beachten?
Bei kleinen Gegenständen ist es wichtig, dass Sie die folgenden Dinge beachten:

- Reinigen Sie den Gegenstand gründlich. Eventuell muss dieser auch entfettet werden. Dies gelingt mit Verdünnung, Spiritus oder Waschbenzin. Achtung: Machen Sie dies am besten draußen, denn es stinkt!
- Suchen Sie sich einen windgeschützten Platz.
- Schützen Sie den Untergrund, bzw. „bauen" Sie sich eine Sprühbox, wie z.B einen alten großen Karton, von dem man zwei Seiten entfernt.
- Eventuell brauchen Sie eine „dritte Hand" die den Gegenstand fest und vom Boden entfernt hält – bei Vasen könnten Sie zum Beispiel ein Stück Styropor oder einen Joghurtbecher mit Sand nehmen und einen Stock hineinstecken.
- Besprühen Sie jetzt den Gegenstand. Sprühen Sie lieber mehrfach dünn, so laufen Sie weniger in Gefahr, dass Tropfnasen entstehen.

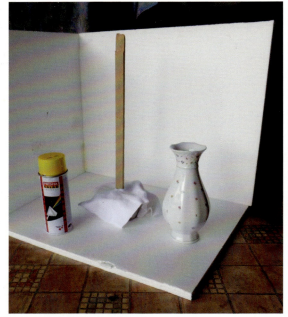

UNSER TIPP

Farbe ist auf Gegenständen innen und außen schön. Haben Sie alte hübsche Gläser? Es können auch Einmachgläser sein: Nehmen Sie einfach Wandfarbe, gießen Sie diese ins Glas, schwenken es so, damit alles bedeckt ist und schütten den Rest wieder aus. Die Gläser kann man zusätzlich noch mit Schleifenband oder Kordeln an den Öffnungen verzieren. So brauchen Sie sinnvoll Farbreste auf!

Haben Sie die Vase wiedererkannt? Das ist die Vase unserer Kundin aus Kapitel 3.

Nachdem Sie mit kleinen Gegenständen etwas Erfahrung gesammelt haben, sind auch größere Gegenstände sicher kein Hindernis. Wie wäre es nun mit einem Tisch oder Stuhl?
Diese folgenden Prachtstücke hat Wiebke Rieck vor Jahren auf dem Sperrmüll aufgesammelt.

BEISPIEL STUHL ODER TISCH

Wichtig ist wieder:

- Der Gegenstand muss erst einmal gründlich gereinigt und eventuell entfettet werden, da sonst die Farbe nicht hält.
- Bei rohem Holz, oder bei vorhancenen Farbuntergründen, müssen Sie mit einem Schleifpap er die Flächen anrauen und dann den Staub entfernen.
- Danach können Sie mit Sprühdosen oder Dosenlack an das Lackieren gehen. Lack ist für Möbel die bessere Variante, da er robuster ist und besse- hält.
- Die Tischplatte wurde lediglich mit einer lebensmittelechten Lasur behandelt, so dass das Holz noch durchscheint. Sehen Sie sich das Bild einmal genau an. Erkennen Sie, was da in gleicher Farbe noch auf dem Tisch steht? Es ist ein Bein von einem Sperrmüllmöbel, dass auf einen Metallfuß geschraubt wurde. Den oberen Teller bildet der Deckel eines Marmeladenglases. Alles wurde einheitlich lackiert und fertig ist der Kerzenleuchter!

UNSER TIPP

Bei Lack haben Sie die Wahl zwischen glänzendem und mattem Lack. Beide haben Vorteile. Glänzender Lack reflektiert Licht, hier muss aber genauer gearbeitet werden. Bei mattem Lack sieht man Unregelmäßigkeiten weniger. Wenn Sie sich unsicher sind empfehlen wir seidenglänzende Farbe zu wählen.

FARBKREISE ALS WANDDEKORATION

Warum immer nur rechteckige Bilder? Im Künstlerbedarf gibt es Malplatten in allen möglichen Formen und Größen zum kleinen Preis.

- Wir haben verschiedene große runde Formen genommen und diese wie ein Spiegelei einfach mit Acrylfarbe angepinselt.
- Wenn Sie es etwas subtiler mögen, blenden Sie die Farbe zu den Rändern hin einfach etwas aus.
- Zum Schluss befestigen Sie eine selbstklebende Bilderaufhängung daran und arrangieren Ihre Kunstobjekte an der Wand.
- Dies muss natürlich nicht Ton in Ton sein, sondern ist auch kunterbunt in Regenbogenfarben möglich.

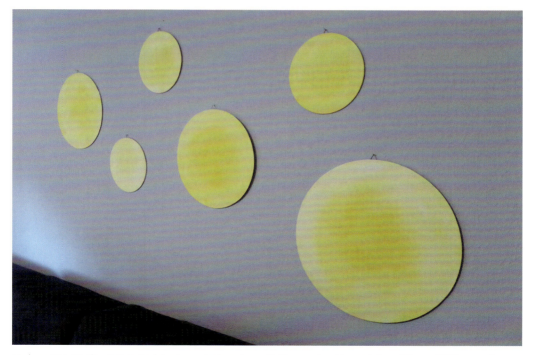

Haben Sie auch unsere Farbkreise wiedererkannt? Sie sind in Kapitel 3 auf Seite 176 zu sehen…

LAMPENSCHIRME FÄRBEN

Die ist eine tolle Möglichkeit für alte, nicht mehr ganz saubere Lampenschirme, und so wird es gemacht:

- Machen Sie den Lampenschirm nass, indem Sie ihn einfach unter den Wasserhahn halten.
- Bitte aber nur kurz, damit sich der Klebstoff nicht löst, mit dem das Gestell angebracht ist.
- Streichen Sie den Lampenschirm nun so an wie Sie es sich wünschen, z.B. wie auf dem Bild mit einem breiten Rand.
- Wenn Sie weichere Ränder möchten, stellen Sie den Schirm einfach auf den Kopf.
- Oder Sie kreieren einen dramatischen Verlauf, indem Sie dazu einfach eine Sprühpistole mit Wasser einsetzen.
- Schon ist ein echtes Designerstück entstanden!

ERSTELLEN EINES BILDES

Schöne farblich passende Bilder zu schaffen ist leicht und so wird es gemacht:

UNSER TIPP

Noch wertiger und richtig professionell sieht Ihr Werk in einem Rahmen aus.

- Nehmen Sie eine Kappaplatte oder eine Leinwand.
- Grundieren Sie diese neutral.
- Zum „Bemalen" funktioniert als Farbe fast alles: Acryl, ein Rest Wandfarbe, Aquarellfarbe… allerdings sollte die Farbe relativ dünnflüssig sein, damit sie schön verläuft.
- Geben Sie etwas Farbe auf den Malgrund und lassen sie diese laufen – das macht Spaß und ist spannend!
- Oder lassen Sie den den Pinsel einfach einmal spritzen …
- Entscheiden Sie wann es genug ist. Hier wollten wir ein grafisches Ergebnis.

Unsere Erfahrung ist: Halten Sie die Augen offen und probieren Sie mutig Dinge aus. Sicher gelingt nicht immer alles von Anfang an, aber wie sooft macht auch hier die Übung den Meister. Und wenn Sie Materialien nutzen die nicht viel kosten, haben Sie bei einem Stück das weniger gelungen ist, keine großen Verluste. Vor allem werden Sie merken: DIY macht riesigen Spaß!

SCHRITT FÜR SCHRITT EINEN RAUM FARBLICH GESTALTEN:
Die gesamte Checkliste aus Kapitel 3 zum kopieren!

1. Stimmung und Nutzen des Raumes bestimmen:
   - Welche Stimmung soll im Raum herrschen?
   - Wer nutzt das Zimmer?
   - Wie wird der Raum genutzt?
   - Gibt es mehr als eine Funktion im Raum?
   - Soll dieser visuell sichtbar gemacht werden?

2. Welche Dinge <u>müssen</u> im Raum bleiben? Welche Farbe haben diese Dinge?

3. Welche Dinge <u>sollen</u> im Raum bleiben? Welche Farbe haben diese Dinge?

4. Der Boden:
   - Aus welchem Material soll der Boden sein?
   - Welche Farbe soll er bekommen, oder welche hat er schon?

5. Gibt es offen sichtbar angrenzende Räume?
   - Was ist dort deutlich sichtbar?
   - Welche Farbe hat es?
   - Wie ist die Wandfarbe / sind die Wandfarben?
   - Wie ist die Bodenfarbe?
   - Wo stoßen die Zimmer aneinander?

6. Licht
   - Wie viel natürliches Licht gibt es grundsätzlich: Viel oder wenig?
   - Wann scheint die Sonne herein? Wann nicht?
   - Wie viel Licht gibt es zu anderen Tageszeiten?
   - Wo fällt das Licht hin und wie wandert es im Raum? Zu welcher Tageszeit?
   - Passt das zur Nutzung im Raum?

- Wann nutzen Sie den Raum?
- Wann die anderen Bewohner?
- Wo stehen welche Möbel?
- Wo wird welches künstliche Licht benötigt?

7. Highlights?
- Gibt es etwas im Raum, das betont werden soll?

8. Moodboard erstellen

9. Farbschema bilden! Lesen Sie dazu die Regeln in Kapitel 1 & 2!

10. Wandfarbe auswählen – soll diese ein Hintergrund sein oder Dramaturgie bilden?

11. Fensterbekleidung: Was muss sie können?
- Welche Funktion muss sie erfüllen?
- Muss diese bestimmte Qualitäten haben wie z.B. für Bäder?
- Soll Sie viel oder wenig Licht durchlassen?
- Brauchen Sie eventuell mehr als eine (Art von) Fensterbekleidung?
- Soll diese die im Raum verwendete Farbe unterstützen oder intensivieren?

12. Alles zusammenbringen
- Die 60-30-10 Regel
- Mustermix beachten
- Einkaufsliste machen

GUT ZU WISSEN:
Mehr lesen und online finden!

Zum Weiterlesen:
- Meine Farben, Aktuelle Farbkombinationen für individuelle Räume, von Kevin McCloud, DVA
- Home Staging – Wie man Menschen in Immobilien verliebt, von Iris Houghton, Tina Humburg, Wiebke Rieck, Blottner Verlag
- Ein Zuhause für die Seele – In fünf Schritten zum Wohlfühlzuhause, von Dr. Barbara Perfahl, Kreuz Verlag
- Design Masterclass, von Kelly Hoppen, Jaqui Small (Englische Ausgabe)
- Bright Bazar – Embracing colour for make-you-smile style, von Will Taylor, Jacqui Small (Englische Ausgabe)
- Entspannt wohnen mit den richtigen Farben – Harmonische Farbwelten für ein schönes Zuhause, von Alice Buckley, Bassermann

Online finden:
- www.schoener-wohnen.de
- www.deinemein.de
- www.farbenundleben.de/farbwirkung/farbwirkung.htm
- www.farbenundleben.de/blog/blog.htm
- herz-allerliebst.de
- www.nicestthings.com
- sanvie.de
- 23qmstil.blogspot.de
- www.solebich.de

Online Hilfe – Online Farbdesigner:
Wandfarbe am Computer testen können Sie mit Onlineprogrammen im Internet.
Hier haben wir 2 Programme für Sie ausgesucht:
www.schoener-wohnen-farbe.com/de/gestaltung/farbdesigner/
Oder:
www.alpina-farben.de/colordesigner/

Farbräder zum Kaufen:
Am Ende dieses Buches finden Sie ein DIY-Farbrad. Wenn Sie es substantieller möchten, können Sie natürlich auch eines kaufen. Wir empfehlen das "Interior Design Color Wheel". **Sie können das über uns beziehen, unter www.blottner.de oder telefonisch 06128-23600**

GLOSSAR!

Anmerkung: Dieses Glossar dient dem Verständnis dieses Buches. Es hat keinen Anspruch auf Vollständigkeit oder Genauigkeit in einzelnen Begriffen, sondern erklärt lediglich die Begriffe in dem Sinne wie sie in diesem Buch verwendet werden.

60-30-10 Regel: Die 60-30-10 Regel ist eine Faustregel die dabei hilft, die Menge an verschiedenen Farben in einem Raum zu einem harmonischen Farbschema zusammenzufügen, das von vielen Menschen als angenehm empfunden wird.
Sie besagt, dass 60% aller Dinge in einem Raum in neutralen, meistens hellen Farben gestaltet sein sollte, 30% können dunklere und kräftigere Farben sein, und nur 10% sollten intensive Akzentfarben darstellen.

Akzente: Ein Farbakzent ist eine Farbe, die einen Kontrast zur vorherrschenden Farbe im Raum darstellt ohne diesen zu dominieren. Akzente tauchen nur selten und meistens in kleinen Objekten auf. Akzente können aber auch größere Dinge, wie z.B. ein Kamin oder auch ein Möbelstück oder Teppich sein, sowie einen Bereich in einem Raum betonen.

Akzentwand: Eine Akzentwand ist eine Wand im Zimmer, die sich visuell stark von den anderen Wänden unterscheidet. Eine Akzentwand kann das räumliche Gefühl für ein Zimmer stark verändern.

Akzentfarben: Eine Akzentfarbe ist eine Farbe, die einen Kontrast zur vorherrschenden Farbe im Raum darstellt ohne diesen zu dominieren.

Blockfarbe: Das Anwenden von Farbe in Blöcken, z.B. an einer gesamten Wand, in einer ganzen Nische, aber auch als Block in Dekorationen, z.B. als Wandvorhang/Schiebegardine oder als 3 Bilder mit jeweils intensiven Farben nebeneinander etc.

Farbe: Eine Farbe, als Fachbegriff, ist ein ganz persönlicher Eindruck. Eine Farbe wird bestimmt durch den Farbton, die Helligkeit und die Sättigung. Wir verwenden in diesem Buch das Wort Farbe im umgangsprachlichen Sinn, z.B. als Rot, Grün, Gelb etc.

Farbfamilie: Eine Farbfamilie sind alle Abwandlungen einer Farbe: in allen Helligkeiten und Sättigungen.

Farbgeschwister oder Farbnachbarn: Sind Farben die auf dem Farbkreis nebeneinander liegen.

Farbintensität: Die Farbintensität oder das Strahlen einer Farbe – diese wird durch mehr Weiß-, Schwarz- oder Grauanteile verändert und weniger intensiv.

Farbkreis: Der Farbkreis ist eine Darstellung und Anordnung der Farben. Er zeigt mit welchen Farben sich andere Farben erstellen lassen. Siehe Abbildung Seite 12.

Farbnuance: Eine Farbnuance wird bestimmt durch den eigentlichen Farbton, die Helligkeit und die Sättigung.

Farbrad: Das Farbrad ist eine Hilfestellung um ein harmonisches Farbrad zu bilden. Sie finden es in diesem Buch zum Selbermachen auf den Seiten 283 bis 285.

Farbschema: Ein Farbschema ist eine Kombination von Farben, die von den meisten Menschen als harmonisch empfunden werden.

Farbton: Eine Farbton ist das was umgangssprachlich als Farbe bezeichnet wird. Aus den Farbtönen setzt sich der Farbkreis zusammen. Farbtöne sind: Rot, Rotorange, Orange, Orangegelb, Gelb, Gelbgrün, Grün, Blaugrün (Türkis), Blau, Blauviolett, Violett (Lila), Rotviolett.
In diesem Buch nutzen wir oft die umgangssprachliche Regelung und benutzen das Wort Farbe (z.B. kalte und warme Farben, neutrale Farben) wenn es sich in der Fachsprache um einen Farbton handelt.

Fokuspunkt: Ein Fokuspunkt ist der Punkt zu dem das Auge wandert, wenn man einen Raum betritt. Es ist ein visuelles Zentrum im Raum. Ein Fokuspunkt kann z.B. ein Kamin oder ein schöner Ausblick im Raum sein, oder einfach nur eine Sitzgruppe im Wohnzimmer, oder das Bett im Schlafzimmer.

Gesättigte Farben: Gesättigte Farben sind Farben, die keinerlei Beimischung von Weiß, Grau oder Schwarz haben. Eine voll gesättigte Farbe ist ein Farbton. Voll gesättigte Farben strahlen am meisten und scheinen uns am intensivsten. Wir nennen diese Farbtöne deshalb in diesem Buch der Einfachheit halber auch „intensive Farben".

Haptik: Die Haptik ist die Art und Weise wie sich etwas anfühlt. In diesem Buch reden wir hier besonders über das Gefühl von Oberflächen bzw. die visuelle Wahrnehmung von Dingen wie z.B. Fellen, Wolle, Glas, Chrom etc. .

Helligkeit: Die Helligkeit einer Farbe wird durch Beimischen von Weiß oder Schwarz verändert.

Intensive Farben (oder als Fachbegriff: Gesättigte Farben): Eine intensive Farbe ist eine Farbe ohne Beimischung von Weiß, Grau oder Schwarz. Sie strahlt in dieser Form am meisten. Intensive Farben werden in diesem Buch und umgangssprachlich auch als kräftige Farben beschrieben.

Kalte Farben: Sie bewirken, dass wir uns in einem Raum kälter fühlen. Kalte Farben sind: Gelbgrün, Grün, Blaugrün (Türkis), Blau, Blauviolett und Violett (Lila).

Kalt empfundene Oberflächen: Chrom, Glas, lackiertes Holz, aber auch Seide und Leinen.

Komplimentäres Farbschema: Das Verwenden von nur zwei Farben, die sich im Farbrad gegenüberliegen, in einem Raum.

Mauve: Ist ein Farbton der als ein blasses Violett oder Lila beschrieben werden kann. Es ist ein Violett, das sowohl einen grauen als auch blauen Unterton hat.

Moodboard: Ein Moodboard ist eine Kollage oder Sammlung von Dingen, Materialien, Fotos. In diesem Buch benutzen wir ein Moodboard als effektives Mittel um ein Farbschema für einen Raum zu entwickeln.

Monochromes Farbschema: Das Verwenden von nur einer Farbe in allen Schattierungen in einem Raum.

Neutrale Farben: Unbunte oder neutrale Farben sind Schwarz, Braun, Grau und Weiß – und alle Mischungen die aus Ihnen entstehen, sowie auch alle Farben mit einem sehr hohen Weiß-, Schwarz- oder Grauanteil. Somit kann jede Farbe zu einer Neutralfarbe werden.

Neutrales Farbschema: Das Verwenden von ausschließlich unbunten Farben.

Pastellfarben: Pastellfarben sind Farben mit einem sehr hohen Weißanteil. Sie sind damit ungesättigte Farben. Alle Pastellfarben lassen sich gut miteinander mischen.

Sekundärfarben: Sind Farben die aus dem Mischen von Rot, Blau und Gelb entstehen, wie Grün, Orange, Violett.

Splitkomplementäres Farbschema: Das Verwenden von nur drei Farben im Raum die im Farbkreis links und rechts gegenüber der Hauptfarbe liegen.

Stillleben: Das Wort Stillleben wird in diesem Buch für eine Gruppe von zusammengestellten Dingen verwendet. Die Gruppierung von einzelnen Dingen stellt hier eine Dekoration, wie eine veränderliche Skulptur oder ein veränderliches Kunstobjekt, dar.

Taupe: Ist eine Mischung aus Grau und Beige (= eine Art Schlammfarbe) in verschiedenen Helligkeiten. Taupe ist eine neutrale Farbe.

Tertiärfarben: Tertiärfarben sind Farben die entstehen wenn man die sogenannten Sekundärfarben miteinander mischt. Tertiärfarben sind z.B.: Gelbgrün, Türkis, Blauviolett, Rotviolett, Rotorange, Orangegelb.

Trübe Farben: Trübe Farben sind im Fachbegriff ungesättigte Farben. Es sind Farben die durch Beimischen von Weiß, Schwarz oder Grau an Leuchtkraft verloren haben und uns jetzt trüb erscheinen. Auch helle Farben können trübe Farben sein.

Ungesättigte Farben: Sind Farben die durch das Beimischen von Schwarz oder Grau getrübt wurden. Dieses ist unabhängig von der Helligkeit einer Farbe. Wir nennen ungesättigte Farben deshalb in diesem Buch auch „trübe Farben".

Unterton: Ein Unterton ist ein geringer Anteil in einer Farbe, der kaum als eigenständige Farbe wahrnehmbar ist, diese aber z.B. wärmer oder kühler macht. Ein warmer Weißton hat z.B. oft den Unterton von Gelb oder Braun.

Verbundenes Farbschema: Das Verwenden von bis zu fünf Farben in einem Raum, die im Farbkreis nebeneinander liegen.

Vignette: Das Wort Vignette verwenden wir in diesem Buch, ähnlich wie das Wort Stillleben, für eine Sammlung von Dingen die dekorativ zusammengestellt werden, wie z.B. ein dekorativer Stuhl, mit Kissen, einer Lampe, Vase, Spiegel als einladender Ort, z.B. im Flurbereich etc.

Warme Farben: Bewirken, dass wir uns in einem Raum wärmer fühlen. Warme Farben sind: Rotviolett, Rot, Rotorange, Orange, Orangegelb und Gelb.

Warm empfundene Oberflächen: Beispiele sind Wolle, Samt, Felle, Korb, Rattan und unlackiertes Holz.

Warmes und kaltes Licht: Licht wird je nach Wellenlänge entweder als warm oder kalt wahrgenommen. Man bezeichnet es auch als Lichttemperatur. Licht hat einen großen Einfluss darauf, wie eine Farbe wahrgenommen wird und wie wir einen Raum empfinden. Warmes, oft gelbliches, Licht wird als gemütlich empfunden, und kaltes Licht, oft mit bläulichem Unterton, wird als sachlich oder technisch erlebt.

LITERATURNACHWEISE / QUELLENANGABEN:

Folgende Bücher sind als Recherchematerial genutzt worden:

- Wie wir mit Farben wohnen, Stafford Clifff, Gilles de Chabaneix, Christian Brandstätter Verlag
- Bright Bazar, Will Taylor, Jacqui Small
- Wohnideen aus dem wahren Leben, Petra Harms, Callwey Verlag
- The color scheme bible, Anna Starmer, Firefly
- Meine Farben, Kevin McCloud, DVA
- Choosing colours, Kevin McCloud, Harpers & Queen
- Entspannt wohnen mit den richtigen Farben, Alice Buckley, Bassermann
- Kelly Hoppen Style, Kelly Hoppen, Jacqui Small
- Mach´s Bunt, Per Nimer, lannoo
- Home Staging – Wie man Menschen in Immobilien verliebt, Iris Houghton, Tina Humburg, Wiebke Rieck, Blottner Verlag
- www.schoener-wohnen.de
- www.deinemein.de
- www.farbenundleben.de/wohnen/wohnen.htm
- www.farbenundleben.de/blog/blog.htm

Die Autoren hoffen, alle Quellen aufgelistet zu haben und entschuldigen sich, sollte jemand vergessen worden sein.

Kontaktdaten der Autorinnen:
Iris Houghton: iris@haus-staging.de
Wiebke Rieck: wiebke.rieck@homestaging-ruhr.de

DANKE!

Wir danken allen Menschen die uns Ihre Türen geöffnet, und erlaubt haben in Ihrem Zuhause zu fotografieren und diese Bilder zu veröffentlichen. Ohne Sie wäre es nicht gegangen. Insbesondere danken wir dem Immobilienmakler Herrn Gerdt Menne, der für uns die Erlaubnis zu den Immobilien erwirkt hat, in denen die Fotoreihen entstanden sind. Ebenso dem Fotografen Jörg Birenheide für seine wunderbaren Fotos – wir hatten wieder sehr viel Spaß bei der Erstellung. Ohne unsere Gastexperten und ihr, in den Interviews sehr grosszügig geteiltes, Wissen wäre diese Buch nicht rund. Daher ein herzliches Danke an Joseph Johnson, Ralf Kowalewski, Tanja Meuthen Copertino und Dr. Barbara Perfahl. Joseph Johnson danken wir außerdem für das zur Verfügung stellen einiger seiner außergewöhnlichen Projektfotos. Last but not least, danken wir unserer Verlegerin Britta Blottner für die Chance zu diesem Buch, aber insbesondere auch für ihr Feedback, ihre Inspirationen, Geduld und ihr Lektorat.

IRIS HOUGHTON:

Ein ganz herzliches Danke an meine Ko-Autorin Wiebke Rieck, die eine wirkliche Ergänzung zu meiner Person ist. Sie macht aus der Arbeit von uns zwei, ein „Mehr als 1+1".
Ohne zwei wichtige Personen in meinem Leben wäre dieses Buch nicht entstanden: Ich danke aus ganzem Herzen Laura Müller. Sie hat mich während des Schreibens wieder und wieder motiviert und mich, wenn ich einmal feststeckte, immer mit ihren Ideen schnell auf den „Schreib-Weg" zurückgebracht.
Auch ohne die endlose Unterstützung und Geduld meines Mannes John würde es dieses Buch nicht geben. Er hat mir den Raum gegeben und Rahmen dafür geschaffen inspiriert arbeiten zu können. Baby, you are the source of everything in my life. I love you.

WIEBKE RIECK:

Danke Iris für Dein Vertrauen, den Mut und den Glauben, dich noch einmal mit mir in ein Buchprojekt gestürzt zu haben!
Danke auch an: Frauke für Bastel- und Fotonachmittage in der Malwerkstatt und beim Künstlerbedarf Boesner. An Familie Gase von Bogasero für die Möglichkeit uns in ihren Räumen mit Stoffen und Deko auszutoben.
Ein besonderer Dank geht auch an meine Eltern im Allgemeinen, denen ich mit Sicherheit meine kreative und praktische Gabe verdanke und meiner Mutter im besonderen, die mich immer inspiriert und rückhaltlos unterstützt hat. Und nicht zu vergessen: meinem Mann Torsten! Wo wäre ich wohl ohne dich?

ÜBER DIE AUTORINNEN

IRIS HOUGHTON ist seit 2007 hauptberuflich im Home Staging tätig und eine Pionierin im Gestalten von Verkaufsimmobilien.
Sie ist mit einem Engländer verheiratet und häufig umgezogen. Seit 1997 hat sie sechs eigene Immobilien als ihr Zuhause gekauft und vier davon wieder verkauft. Während jahrelanger Auslandsaufenthalte in Singapur, Spanien und England ist sie auf das Bedürfnis der Menschen gestoßen, sich schnell zuhause und vor allem wohl zu fühlen. Ihrer Überzeugung nach gelingt dies im Wohnbereich, besonders durch den Einsatz von den persönlichen, kulturell teilweise sehr unterschiedlichen, Wohn-Wohlfühlfarben. Sie sagt dazu: „Ich hatte selber lange Zeit Probleme zu verstehen, welche Farben in welchen Bereichen für mich funktionieren. Vor allem aber, warum Dinge, die ich schön finde, bei mir zuhause ganz anders wirkten. Ich habe viele Farbbücher gekauft, aber keines hat mir konkret Schritt für Schritt erklärt, wie ein farblich harmonischer Raum, mit meinen eigenen Lieblingsfarben, zusammengestellt wird. Das es nicht nur mir so geht wurde mir in meiner Tätigkeit als Home Stagerin und Trainerin klar. Mit diesem Buch wollen wir vielen Menschen bei diesem Problem helfen."

WIEBKE RIECK ist Innenarchitektin und setzt seit 2009 auf das Thema Home Staging. Hier bereitet sie Immobilien im Ruhrgebiet für den perfekten Verkauf auf. Vor diesem Hintergrund erschien 2013 ihr erstes Buch „Home Staging – Wie man Menschen in Immobilien verliebt", gemeinsam mit Iris Houghton und Tina Humburg. Schon von klein auf begleiten sie die Themen Dekoration, Farbe und Gestaltung, denn ihre Eltern führten ein Möbelgeschäft und ihr Großvater war Maler. Die Lust an der Farbe hat sie nie losgelassen und da sie in ihrer täglichen Arbeit immer wieder auf Kunden stößt, die bei der farblichen Gestaltung der eigenen Wohnräume Probleme haben, schrieb sie mit ihrer Kollegin Iris Houghton ihr zweites Buch „Wohlfühlfaktor Farbe". Beide Bücher sind im Blottner Verlag erschienen.

„Haben Sie sich schon mal die Bücher angesehen, in denen es um Farbgestaltung im Wohnraum geht? Dort kann man tolle Lofts in den USA oder Landhäuser in Frankreich bewundern, aber das eigene Wohnzimmer in der Etagenwohnung sieht doch meistens ganz anders aus", so die Meinung von Wiebke Rieck. An dieser Stelle setzen die beiden Autorinnen an, denn sie wollen helfen und echte Anleitungen zum Thema bieten. „Wie finde ich meine Lieblingsfarbe, wieviel davon will ich in meinen Räumen überhaupt haben und wie stelle ich es an, dass das was ich schon habe und das was ich möchte harmonisch zusammen passt?" Antworten gibt das Buch „Wohlfühlfaktor Farbe".

IMPRESSUM

BIBLIOGRAPHISCHE INFORMATIONEN DER DEUTSCHEN BIBLIOTHEK

Die Deutsche Bibliothek verzeichnet diese Publikation in der Deutschen Nationalbibliographie; detaillierte bibliographische Daten zu diesem Werk sind im Internet unter http://dnb.ddb.de abrufbar. Das Werk, einschließlich aller seiner Teile, ist urheberrechtlich geschützt. Die Verwertung der Texte und Bilder ist – auch auszugsweise – ohne Zustimmung des Verlages unzulässig und strafbar. Das gilt auch für Vervielfältigungen, Übersetzungen, Mikroverfilmung sowie für die Einspeicherung und Verarbeitung in elektronischen Systemen (einschließlich Internet). Alle in diesem Buch enthaltenen Ratschläge und Informationen (z. B. Produktbeschreibungen, Preis- und Mengenangaben, Berechnungen usw.) sind sorgfältig geprüft. Eine Garantie hierfür kann jedoch nicht übernommen werden. Ausgeschlossen ist auch jegliche Haftung des Verlages bzw. einzelner Autoren und Bearbeiter für Personen-, Sach- und Vermögensschäden, die auf die Nutzung von Inhalten aus dem vorliegenden Werk bezogen werden. Auf die in diesem Buch empfohlenen websites Dritter und deren Inhalte haben wir keinen Einfluss. Deshalb können wir für diese fremden Inhalte auch keine Gewähr oder Haftung übernehmen. Für die Inhalte der verlinkten Seiten ist stets der jeweilige Anbieter oder Betreiber der Seiten verantwortlich.

LEKTORAT
Britta Blottner

GESTALTUNG & SATZ
Sybille Naderer, naderer communication, Tragwein

DRUCK
fgb – freiburger graphische betriebe, Freiburg/Br.

© 2015, Blottner Verlag GmbH,
D-65232 Taunusstein
E-Mail: blottner@blottner.de / URL: www.blottner.de
ISBN 978-3-89367-146-5 / Printed in Germany

BILDNACHWEIS

WIEBKE / HOMESTAGING-RUHR
11, 15, 17, 23, 25, 27, 31, 32, 39, 40, 41, 43, 47, 50, 51, 52, 53, 54, 80, 81u, 84, 86, 87o, 89, 91o, 93u, 94, 96u, 97-104, 106, 107, 109, 110, 111u, 112o, 114, 115, 116, 117, 119, 123u, 128, 130, 131, 132, 133, 134, 135u, 136, 137, 138, 139, 140, 141, 142mittelinks,unten, 143, 144, 145, 146u, 147, 148, 149, 150, 151o, 152, 153, 154o, 155, 156, 157mitte unten, 158, 159o, 161, 179, 180, 181, 183, 184u, 185u, 186, 188, 189, 191, 193, 203, 204o, 205, 207, 209u, 210, 213, 214, 215, 216, 217, 218, 219, 220, 221, 222, 223-232, 233, 237, 240, 241, 242, 244, 245, 247, 259, 261, 262, 263o, 265-271

GERDT MENNE
148o, 154u, 157o, 159u, 160u, 182

IRIS HOUGHTON / HAUS-STAGING
42, 55, 56, 81o, 85, 87u, 88, 90, 105, 111o, 112u, 113, 122, 123o, 142 mitterechts, oben, 146o, 151u, 160o, 163, 165, 184o, 185o, 187, 192, 206, 209o, 211, 235, 246, 263u

iSTOCKPHOTO
5, 10, 13, 58

SHUTTERSTOCK
12

JOHN HOUGHTON
19, 108

JOSEPH JOHNSON
129, 135o, 204u, 208, 238

PICTURE PEOPLE
6, 8, 20, 22, 24, 26, 30, 34, 36, 37, 48, 68, 72, 74, 76, 79, 96o, 164, 166, 167, 194, 201, 212, 264

FOTOSHOOTING WEYHE: 60-65
FOTOSHOOTING BOCHUM: 82, 83, 91u, 92, 93o, 196-200
FOTOSHOOTING HERNE.: 171-178

u=unten | o=oben

FARBRAD ZUM SELBERMACHEN

BEMERKUNG:

Dieses Farbrad soll kein Ersatz für ein handelsübliches Farbrad sein. Wir nutzen auch nach vielen Jahren unsere Farbräder fast täglich im Umgang mit Farbe und empfehlen Ihnen eines zu kaufen. Diese Investition lohnt sich. Als Service hat der Blottner Verlag Farbräder für Sie zum Kauf bereit liegen. Bestellungen unter www.blottner.de oder telefonisch unter 06128-23600.

Das hier vorliegende Farbrad soll Ihnen einen ersten Eindruck über die Nützlichkeit geben. Wir wünschen Ihnen viel Spass dabei.

BESCHREIBUNG – ANLEITUNG:

Sie brauchen: eine Schere und einen Clip mit dem man dicke Briefumschläge schliesst. Sollten Sie so einen Clip nicht zur Hand haben, können Sie auch zunächst jeden Artikel nutzen, der die beiden Seiten zusammenhält, trotzdem aber zulässt, dass sich die Blätter drehen lassen.

1. Schneiden Sie die Seite 285 aus dem Buch heraus.
2. Schneiden Sie auf der Seite 285 um den äußersten Ring herum, so dass Sie einen Kreis in der Hand halten.
3. Schneiden Sie jetzt die dunkel makierten Bereiche komplett aus dem Kreis aus.
4. Stechen Sie jeweils ein kleines Loch in die Mitte des ausgeschnittenen Kreises, und dem auf Seite 284.
5. Legen Sie jetzt den ausgeschnittenen Kreis von Seite 285 auf den Kreis von Seite 284 und verbinden Sie beide mit dem Clip in der Mitte.
6. Das Farbrad ist nun einsatzbereit.
7. Stellen die den Pfeil unter der Markierung „12 Uhr" auf die gewünschte Farbe.
8. Sie sehen nun genau gegenüberliegend, bei der Markierung „6 Uhr", die Komplimentärfarbe.
9. Unten links und rechts, neben der Komplimentärfarbe, befinden sich die Splitkomplimentäfarben.
10. Oben, neben der Hauptfarbe (über 12 Uhr), befinden sich die Farbnachbarn die das verbundene Farbschema bilden.

AUF DIESER SEITE NICHTS AUSSCHNEIDEN!

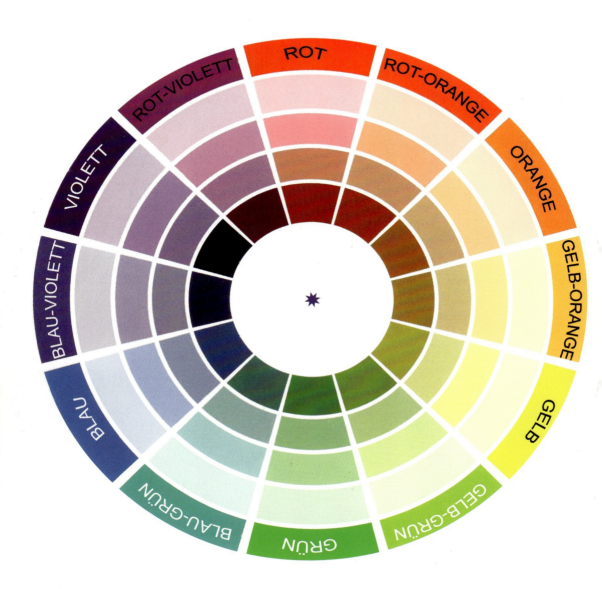

12 Uhr | Dicker Pfeil = Haupt-/Wunschfarbe
6 Uhr | Dünner Pfeil = Dazu passende Komplementärfarbe
Gestrichelter Pfeil = Dazu passende Split Komplementärfarben
Je zwei Farben links und rechts neben Hauptfarbe/12 Uhr
Alle Farben für das verbundene Farbschema

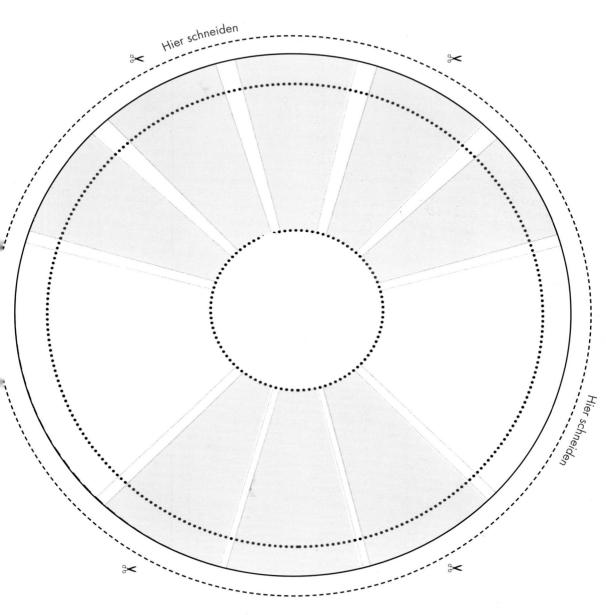

Zuerst um den Kreis herum ausschneiden,
dann alle dunkel markierten Bereiche ausschneiden

Menschen in Immobilien verlieben

Ein weiteres erfolgreiches Buch der Autorinnen des vorliegendes Buches!

Was haben Mode, Autos, Einrichtung und Immobilien gemeinsam?

Keiner kauft seinen Gebrauchtwagen ungewaschen. Jeder Autoverkäufer weiß, dass sein Auto dann bessere Chancen auf dem Gebrauchtwagenmarkt hat. Jedes Einrichtungs- bzw. Möbelhaus gestaltet schöne Musterzimmer, um die Kunden damit zu inspirieren. Ansprechend und gekonnt dekorierte Schaufenster wecken Sehnsüchte nach geschmackvollem Wohnen oder gutem Aussehen.

Sollte das nicht bei einer Immobilie genauso sein? Wieso müssen Immobiliensuchende – im Fall von unbewohnten Immobilien – kahle, unrenovierte und schlecht beleuchtete Räume oder – im Fall von noch bewohnten Immobilien – zugestellte Flure, hochgeklappte Toiletten-Deckel und die „Vorlieben" der Vorbesitzer erleben?

Vor dem Hintergrund, welcher große Aufwand in anderen Lebensbereichen betrieben wird, um Konsumenten in Kaufstimmung zu bringen, treten die Autorinnen als Home Staging Profis dafür ein, dass die Kaufinteressenten von Immobilien ebenfalls den bestmöglichen ersten Eindruck erhalten und „verzaubert" werden.

Klingt auch für Sie schlüssig? Dann ist dies das richtige Buch für Sie! Sie werden darin zahlreiche Tipps und Anregungen finden, die Sie selbst umsetzen können. Vielleicht merken Sie schon beim Lesen, wie viel Spaß es Ihnen machen würde, Ihr jetziges Zuhause so zu verwandeln, damit es möglichst viele Kaufinteressenten begeistert.

Home Staging
Wie man Menschen in Immobilien verliebt – Ein Praxishandbuch für Verkäufer von Immobilien

Von Irigs Houghton, Tina Humburg, Wiebke Rieck
192 Seiten, 307 farbige Bilder. Format 17 x 24cm. Fester Einband. ISBN 978-3-89367-138-0

Blottner Verlag • 65232 Taunusstein • www.blottner.de

Bücher für schönes Wohnen

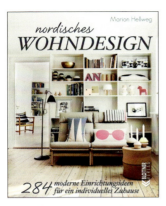

Nordisches Wohndesign
284 moderne Einrichtungsideen für ein individuelles Zuhause
ISBN 978-3-89367-145-8
Leger, sympathisch und authentisch – das zeichnet diesen Wohnstil aus.

Stadt Refugien
Einrichtungsideen für urbanes Wohnen
ISBN 978-3-89367-141-0
Dieses außergewöhnliche Buch zeigt individuell gestaltete Stadtquartiere mit tollen Einrichtungsideen.

Kleine Apartments
Maxi-Einrichtungsideen für Mini-Wohnrefugien
ISBN 978-3-89367-131-1
Das Buch zeigt, wie man aus einem Mini- ein Maxi-Refugium machen kann. Mit tollen Bildern.

Wohnen mit Bildern
Wände individuell und stilvoll gestalten
ISBN 978-3-89367-139-7
Ein Buch, das hilft Ihre Wände individuell zu gestalten. Nach dem Motto „Inszenierung ist alles!"

Altbau wird Traumhaus
Stilvolle Modernisierung wertvoller Bausubstanz
ISBN 978-3-89367-142-7
Außen historisches Ambiente – innen Modernität mit high-tech Ausstattung. Renovierte Wohnträume!

So leb' ich
wohne, wie es dir gefällt
ISBN 978-3-89367-121-2
Ein Wohnbuch, das motiviert, den eigenen ganz persönlichen Wohnstil zu finden und zu Hause zu verwirklichen.

Blottner Verlag • 65232 Taunusstein • www.blottner.de